Change

新奇的
變動

Change 1

公門菜鳥飛

一個年輕公務員的革新理想

作者：魚凱
插畫：夏仙
責任編輯：冼懿穎
封面設計：三人制創
美術編輯：Beatniks
校對：呂佳真

法律顧問：全理法律事務所董安丹律師
出版者：英屬蓋曼群島商網路與書股份有限公司台灣分公司
發行：大塊文化出版股份有限公司
台北市 10550 南京東路四段 25 號 11 樓
www.locuspublishing.com
TEL: (02)8712-3898　FAX: (02)8712-3897
讀者服務專線：0800-006689
郵撥帳號：18955675　戶名：大塊文化出版股份有限公司

總經銷：大和書報圖書股份有限公司
地址：新北市 24890 新莊區五工五路 2 號
TEL: (02)8990-2588　FAX: (02)2290-1658
製版：瑞豐實業股份有限公司

初版一刷：2016 年 8 月
初版三刷：2016 年 9 月
定價：新台幣 320 元
ISBN: 978-986-6841-76-7

公門菜鳥飛

一個年輕公務員的革新理想

魚凱 著

推薦序

期許一個沒有遺憾的公務生涯

張善政　前行政院院長

我與本書作者魚凱未曾謀面，是他在網路上主動與我聯絡，發現我們彼此對公務體系所面臨問題的看法似乎一致。魚凱公務生涯將近六年，在公務體系中絕非資深，也勉強算合乎本書的書名「菜鳥」。不到六年的公務生涯就有心得願意寫書，顯然是位有想法的人，我很佩服他這點，願意爲他寫序，也趁機抒發我這幾年公職對公務體系的看法。

我由學成回國在台大任教，繼而在早年的國科會、近年的行政院與科技部任職，加上在民間企業期間也常需爭取政府業務，與許多部會機關的公務同仁接觸頻繁，對公務單位的行事文化多所體會。我所接觸的公務同仁多是盡忠職守、勇於任事，但也不諱言常遭遇遇事推諉不負責的公務員。我也了解，即便我最後擔任全國行政機關最高首長，要想改變公務體系的行事文化也非易事，甚至我懷疑連總統都未必有能力去改變，除非全國上下有一定的共識。

我擔任過數個機關的首長，部會同仁雖都是屬下，但是我更把所有公務同仁都當作朋友，爲一個共同目標打拚。以關心員工的角度來看，每一個公務員都是一個「人」，我都希望他可以快樂地發揮，沒有遺憾地過完他的公務事業生涯。

首先，公務體系應該更加投資在公務員的生涯發展上，如：不分職級定期的性向分析與輔導（領導統御、談判協商）、因應時代發展不同專長的訓練（資訊社會的先進工具、財務法律常識等），而不是只有在特殊時機才施以教育訓練。其次，對於公務員的行事規範應該檢討鬆綁，賦予公務員更高的責任與權限，尊重公務員的專業與道德判斷，著重事後成效優劣成敗的檢討，但也設法建立較一致的判斷基準（類似法律判例），而非事先給予太多的作業規範束縛。公務員的升遷調任，要有更大的彈性，如果能建立經常性的在職訓練與評量，就可以考慮進一步突破現有職系的界線，依照能力指派晉升。最後，期待公務體系與外界可以有更多的人員交流，建立短期借調交流制度，避免造成不食人間煙火的恐龍公務員。更重要的是，公務員可以說是社會菁英的重要組成，社會各界對公務員要能培養一定的尊重，事事責罵只會造就更笨的公務員（所謂「罵都被罵笨了」）。

公務員要能有自發性的認知，體認在公職上對國家社會的責任感，我上述的想法才有可能成功。魚凱這本書，描述了他公務體系的所見所聞，都是我們公務員應該參考檢討之處。同時，我也期待所有的政務官應該珍惜常任公務員，好好體會運用他們的能力。一個公務員不能夠充分發揮的國家，是不會有希望的！

推薦序

坦途無高峰

邱銘源　財團法人台灣生態工法發展基金會　副執行長

我實在沒什麼資格寫這篇推薦函的，雖然得過幾次績優公務人員，但最終我還是選擇棄保潛逃，連最後的三年徒刑都沒服完，就放棄應該還算優渥的退休金，結束了十七年的公職，提早逃出這個鳥籠。

離開公職至今就快十年，我投入NGO，反而讓世界看見台灣，看見我們的努力。一個五個人的非政府組織，雖然沒有任何奧援，但我們目標明確，勇於任事，處事積極又有效率，當然也得罪了不少本位主義、且不願做事的公部門。但十年磨一劍的努力，不但與日本首相夫人的民間組織締結姊妹聯盟，還得以加入聯合國的組織；這兩年我們在金山小白鶴與清水濕地保育上的努力，還獲得《紐約時報》、《法新社》、《日本時報》以及《西伯利亞時報》的頭版報導，標題大大地寫上「Thank you, people of Taiwan」。這樣的國際認同，甚至連對岸的中央電視台也專題報導台灣的努力；我們的執著，連俄羅斯國家科學院都願意與我們簽定科學的合作備忘錄，《天下雜誌》三十五週年特刊「爲台灣奮鬥的人」也把我們當封面故事，鼓勵更多的台灣人。但這樣簡單的努力方程式，卻很難在公部門被看見，很多公務員仍然選擇掛冠，高嘆不如歸去。

過去的十七年，我在交通部的工程單位服務，參與高速公路的興建。年輕時總滿腔熱血，期待貫徹國父遺教的訓示，要「人盡其才，貨暢其流」，遂以第一志願投入六年國建的行列。心中總以為：造橋鋪路是功德一件，只要做好做滿，一定可以得到老百姓的尊重。殊不知，那個公務員美好的時代已經過去，在民粹高張、媒體多元的年代，公務人員動輒得咎；加上資訊未透明公開，政策搖擺不定，主政者的長期願景很難被說清楚、講明白。在四年一度的選舉洗禮下，政策通常只剩下投選民所好的小確幸，而缺少長期持續的深耕。一個政策說帖，通常也只是記者會結束，就跟著消失無蹤，少有人懂得追問，媒體也樂得配合，備好新聞稿又提供畫面的完全演出，至於老百姓根本不關心政府到底在做什麼。但，這其實就是台灣的現況，我們連一個好的政策都像快閃活動，記者會辦完就算了，從來沒有人在乎到底如何深耕與落實。於是，關於各級政府的政績，我們似乎只剩下中秋烤肉和跨年晚會；而台灣的未來也像倒數計時一樣，五四三二一……不斷地消失。

很多年輕人以為，雖然外在環境如斯，但至少公務員在經濟條件困頓的台灣，好歹還是個鐵飯碗吧？至少混吃等死，不做不錯，薪優享福利有公保，錢多事少離家近，領錢可以領到手抽筋——但這樣姑息主義瀰漫的環境，到底適合什麼樣的人生存？憂國憂民的太陽花革命青年？期待體制內改革的熱血憤青？還是依循過去的習氣，逢迎拍馬雞犬升天的處心積慮？老實說，在當前的考評制度下，除非跟對老闆，否則苦幹實幹撤職查辦，東混西混一帆風順的年代與風氣，在公部門依舊盛行。這樣說也許不夠公平，也許首都直轄市的雞首，動見觀瞻應該不至於如此腐敗，但我的觀察，現有的考評制度仍多淪爲人治，而缺乏體制面的全面興革。台北市長柯P固然大方，拿出特支費鼓勵有心的公務人員，但這樣的善意仍面臨人走政亡的遺憾。

我曾經在晚上十點離開市府時，看見台北市政府還有一半以上戮力從公，努力加班的公僕。我還聽說新北市政府，甚至要求加班的員工關掉空調，拉起窗簾，別讓市民看到能源的浪費。但，大家都忘了問：是什麼樣的制度讓有心人仍加班到過勞，而處心積慮逢迎拍馬者卻仍幫忙提著長官的公事包，雞犬升天？是的，關鍵還是人，公部門興革的關鍵不僅僅是制度，關鍵是執行政策的中階主管，而是誰拔擢這些人作爲政府骨幹的菁英，仍然存乎一念之間，是酬庸還是拔擢？

認識魚凱緣起於一場國際研討會，他是那個有心的主辦，邀請我來演講，事後的交談得知他是個熱血青年。在公忙之餘竟也有心協助NGO的事務，甚至以自由作者的身分，發表時事的針砭。當然，有心做事的年輕公務員，困在姑息主義瀰漫的本位公門體系，光是審計單位的意見，就讓許多人大嘆不如歸去；幾度挫折想離開公職時，我總是力勸他，勉力留下來繼續奮鬥。看到他，就像看到年輕的自己，我自私的期待他一定要留下來，因爲他衝撞體制，也許改變的是我們的未來。

在十七年的公職生涯，我最痛恨隨波逐流的無力感，所以才選擇在四十歲那年放棄退休金勇敢地離開公職。做事情很難，但不爲這個社會做點什麼，更讓我痛苦！我的心情，就如同以下的這段文字：「不要溫順的走入那長夜。憤怒吧，憤怒的抗拒垂死的光。」走出台灣，你才會看到世界的改變，離開網路世界的口水與批判，你才能呼吸到眞實世界的新鮮空氣。

對於未來，我只期待老天爺給我更多的勇氣與毅力，勇敢地做一個不受歡迎的人，即便世界末日將近、文明將滅，我也要用盡自己的力量，爲台灣奮力改變，不願認輸投降。我知道我會是那個沒事找事做的 Trouble maker，但我期待台灣公門的年輕菜鳥，也要勇於改變大步向前；我期待你們要成爲夜空中熱情燃燒的星光，也不要溫馴地被姑息主義的黑暗所呑噬；我也期待大家一起爲台灣奮鬥，只要動手去做，願意昂首高飛，根本不必等待風起，馬上就可以自己振翅。只要行動，我們都可以讓世界看見台灣，忘記自己的私利與本位，揚棄和稀泥。在每個崗位上努力，爲自己，也爲這塊土地。

這段文字送給魚凱，也給所有有心改變公門的菜鳥，莫忘初衷，一路向前，KEEP WALKING！這是一本值得推薦的好書，適合菜鳥看，當然小英和林全也應該拜讀才是。

推薦序

讓公務員成為國家進步的力量

朱淑娟　獨立記者

我的好朋友周淑婉，目前在衛生福利部擔任高階文官。她從小功課好，念北一女、台大，畢業後順利考上高考進入行政機關。我們之所以認識是因爲採訪的關係，我是記者、她是官員，算是站在對立面的兩方。隨著採訪次數增加，我們越來越熟，有了互信關係，變成好朋友，我的許多環境專業、行政法規知識都是從她那裡學來的。而我也對她勇於提出政策、並努力實踐的精神印象深刻。

我經常想以她的條件、能力，如果不做公務員，而在民間，或許會有更大的發展。一天我好奇問她爲什麼要當公務員。她說：「當初的想法很簡單，我從小念公立學校，受到國家很多栽培，應該要爲國家做事。如果我做醫生，只能服務少數的病人。但如果我做公務員，推動好政策，服務的就是廣大的人民。」

一個簡單的心思開啓了她的公務生涯，而她在環保署推動的許多政策一如初衷，對環境有深遠影響。例如開徵空污費，以及用十年時間才推動成功的「加油站油氣回收」政策。有時她跟家人開車到加油站，她的先生都會跟小孩說：「我們現在加油聞不到油氣，都是你媽媽的功勞噢。」這就是公務員的榮譽。

在我的記者生涯中遇到很多像她一樣的公務員，在自己的位置上排除萬難、努力去推動好的政策，促進人民福利。魚凱就是另一個例子，認識他是二〇一二年五月一個獨立記者的培訓課程。我之所以特別注意到他，是因爲他的公務員身分，很好奇爲什麼一個公務員會來上新聞課程。後來我在很多地方看到他的報導，文筆好就不用說了，重點是他的保育專業知識，讓他寫出許多見解不凡的報導。

我的疑問被解答了，他的寫作動機一如他總會在報導後面所附的作者介紹一樣：「台灣社會需要改變，而改變不單來自批判，而來自於互相理解後尋求的共同解。書寫，希望從中理解自己，也爲理解彼此找到一個媒介。」

於是，他成爲我心目中另類的公務員，不只在體制內尋求理想的實踐，也透過書寫傳達他的見解，同時熱中參加非營利組織。書中提到一個例子最能看出魚凱的心思。有一次他想做一個社區生態調查，卻被裁示緩辦。但他覺得這件事太重要了，於是上網募款，很多人被他的熱情感動，募款奇蹟般的相當成功。

但他並不是每次都能突圍成功，我也不時聽他提起公務系統的框框架架讓他很困擾。有一天他跟我說：「我想寫一本書，把這些問題點出來，看能不能獲得共鳴，進而促成改變。」我以爲他在開玩笑，現任公務員寫公務問題的書，風險有多高，沒想到他眞的寫了，這也讓我更看到魚凱純粹與堅持的一面。

書中提到的許多問題，正是我這些年來在公務系統看到的，我是旁觀者，他深陷其中感受則特別深刻。我眞心以爲公務員是國家的資產，常任文官則是國家穩定的力量。但問題是現在的行政體系有太多政治力介入，讓這些常任文官沒辦法好好做事。大的例如政黨輪替，經常整個政策大轉彎，不過這還比較能理解，畢竟在位者有權提出自己認爲對的政策，並由人民公評。

但其他大大小小政治力的介入，就讓公務員眞的飽受折磨，明明一件對的事情，最後卻因爲這些力量的介入而無法推動。這點書中也提到不少，民意代表尤其是最大的干擾來源。不聽話的，立委就動用預算審查權逼機關妥協。這些無謂的政治力干擾不減少，要公務員如何好好做事？

而現在人民對公務系統的信任度很低，其中最主要的原因是不被理解，這也反映公民參與不足的結果。不論是馬總統或蔡總統，都把跟人民溝通放在嘴邊，但也眞的只是掛在嘴邊而已。我們經常看到的場景是，人民要參與環評會、都委會這種會議，卻被警察擋在門外。即使進到場內，限制三分鐘發言，講完後也像狗吠火車得不到回應。反倒是會議之外，跟開發業者有許多的協商。

另外書中也提到很多績效考核制度的問題，這點應該是公務效率不彰的源頭。公務體系簡單講就是吃大鍋飯，即使個人貢獻有高有低，但最後都得回到這鍋飯，大家的待遇都差不多，考績好壞照輪、升遷要「找人去講」。再加上機關彈性不足，多做多錯，還要面對很多瑣事，這種情況下要如何鼓勵人勇於任事？

行政機關除了透過正式考試的公務員之外，爲了補足人力不足還有聘用人員，他們有另一套績效考評制度。我認識相當多優秀的聘用人員，卻因爲不是正式公務員，做得再好都無法升遷，久而久之就失去工作動力。因此，除了考試，有沒有其他更開放的制度來建構優秀的公務人力系統？

這些問題都是環環相扣，政府存在的理由就是爲人民解決問題，但前提是要有一個被人民信賴、行政效率高的政府。這只要做到三件事就好：

一、建立一套具激勵性的績效考評及人力制度，讓好的公務員受到應有的肯定。

二、減少政治力介入行政系統，讓公務員本其專業好好做事。

三、眞正落實公民參與，讓公務員能廣聽各方意見，並將這些意見納入政策之中。

這是一本魚凱用他六年公務員生涯的熱誠寫出來的書，提出許多寶貴的建言，期待能因此促成改變。最後我要套用書中的話跟公務機關的朋友們互勉：「公務員，是個需要理想的行業；台灣，需要更多有熱忱、具憧憬、行動派的公務員加入！」

前言

我們需要改變！而且，我們可以！

如果我問，你對這個政府還有期待嗎？你會怎麼回答？這也是我最近常問自己的。

記得二〇一五年的生日，許下一個願望：希望台灣行政制度能逐漸改變，能夠讓有想法、願意投入改革的公務員有發揮的場域，然後營造一個可開放討論、能夠接受夢想存在的公務環境。

在這幾年時間裡，聽到很多來自公務界朋友的抱怨，有些是抱怨主管人事不公、有些是抱怨雜事很多、有些抱怨制度沒彈性、有些抱怨福利越來越差、有些是覺得專業都派不上用場……那麼多優秀的人，在這個體制裡動彈不得。

從這些問題裡面，可以歸納出幾個根本的核心元素：公務選才方式已不合時宜、防弊制度綁死創新性、無效的績效評估、施政找不到重點、邏輯不清下的決策混亂、做了很多白費力氣的事。

這些交互影響，讓公務員忙個半死，得到的成就感卻有限。然後，在無力感堆疊、僵硬的行政系統中，失去感受外界變化的能力；加上台灣教育養成的方式，很難靠自己單兵作戰尋求突圍，於是融入群體成為保障的途徑。即使政府內部問題重重，大家的抱怨沒有中斷過，但還是會退而求其次——

在自己能力範圍內把自己的業務做好，就對得起良心了；很難去想像結構性制度的改變、很難去挑戰不合邏輯的官場文化。

太陽花運動後，政府開始傾聽民間的聲音；二〇一六年五月政黨輪替了，衆人引頸以盼的新政治彷彿出現了。但是，新政治到底是什麼呢？能確實掌握改變的，是在我們自己手裡啊！自己手中漢堡的番茄醬酸臭了，於是肖想看別人手上的漢堡會不會好一點，但整批番茄醬都出自同一條產線的啊！產線不改的話，再厲害的廚師也只能拿到酸臭的番茄醬。

公務系統，就是一條很長的生產線，長到即使身爲國家領導人，也不見得能改變當中的組織文化。而我，小小的公務員又能做什麼？我只是看到事情不會憑空發生改變，所以想做些什麼，讓台灣政府變得不一樣。我相信，台灣要更好，靠的是大家齊心努力，改變的力量能凝聚才能看到新政治。新政治，需要台灣人共同參與；新政府，需要台灣公務員共同參與。

愛台灣——在陳金鋒揮出全壘打的那一刻，多少人眼眶泛紅；愛台灣——《拔一條河》甲仙鄉親迎接深夜歸來的拔河隊畫面，多少人眼淚hold不住；愛台灣——〈島嶼天光〉中「天色漸漸光，咱就大聲來唱著歌」的歌詞又讓多少人熱血澎拜。而《公門菜鳥飛》，希望將這些能量帶入政府；用沉穩內斂的力量告訴自己，我們需要改變！而且，我們可以！

第一部

公務人生怎麼演

The Career Ladder

1 喔～喔喔喔——初試啼聲

芝麻公門

時間是九點五十分。

等待了三百六十五又四分之三天的人生樂透，再十分鐘就開獎了。從前晚開始，隨著晝夜交換，夢境出現了模糊的榜單號碼。不斷搜尋對焦之後，幾乎浮出的數字，讓我從逼真的夢境中驚醒。啊，還沒到，醒了才確定這一切是夢。

就這樣幾天的重複交替，今天早上卻意外沒有做夢，也不確定一整個晚上有沒有睡著。伴隨著焦慮感，還是照常去上班，坐在位子上，望著螢幕上的文件，卻渾然不知上面寫著什麼。只在等待著十點正，網頁上的查詢畫面已切換在子視窗，手機的查榜號碼也已輸入完成。再等一會，就是我能否宣告一個月後辭職的關鍵。

剩下三分鐘，心跳開始不自覺地加快，手不自覺地放到F5鍵上，準備按下。但無論如何，不能衝動，都已經等了這麼久，不差這一時三刻。其他的人比我更焦急，像學弟、像女友、像老爸。我只要好整以暇，確定手機打開，等著別人打來跟我報喜就好。否則，大概就是摃龜了。

「凱，你上了耶！」

「普考還是高考？」幾乎顫抖的，壓低聲音問。

「兩個都上了。」

「靠～不會吧！」內心爽幹了一聲。

掛上電話，持續壓抑著已經高飛的情緒，以Skype傳出訊息給隔壁同事，「欸～我考上了耶。」「靠～恭喜耶！」這一刻彷彿是不久之前的畫面。之後，告別了民間伙伴，進入了庭院深深的公門。某種人生勝利組的幻覺開始出現。這不單來自於從小大小考不斷的競爭心態，也來自於周遭人不斷的提醒，「錄取率很低吶！不容易不容易」、「就厲害耶！嘎阮囡仔尬己咧啦（教我小孩一下啦）」。

人生至此，彷彿到了一個高點。對很多人來說，好像免死金牌在手，老闆不再有理由留人，之前每天絮絮叨叨的媽媽，也展露笑顏，主動說趕快趁報到前去玩一下。

開始回想準備考試期間，原本的狼狽都變成了幸福的喜悅，一切都是那麼充實。

每天睡前上PTT看國考版安神的習慣，不需要了；白紙上振筆疾書的反覆操演，不需要了；信心強化的自我催眠冥想，也不再需要了。開始感激過去一段時間的自己，幸好有這樣的準備，讓離開學校一段時間後，重新吸飽了各家日月精華，所有政策及管理實務的案例，當下都一目了然，琅琅上口，就等報到之後拿出來嶄露頭角了。

第一站，是到文官學院報到。

八字箴言：「廣結善緣、全身而退」

每個公務員都必須經過這麼一站：國家文官學院。

回過頭來看，這是很重要的一站，因爲，有些同學在這裡，不只拿到文官學院考試及格證書，還順便拿到結婚證書。

到文官學院報到的第一天，除了選班代、副班代、福委，還要選……公關！公關是做什麼用的呢？顧名思義，就是要幫單身未婚的同學，謀取最大的福利！廣義來說，國家文官培訓所應該算是一個提供條件相當（大家都是穩定的公務員）的未婚學員，一個三週到五週互相尋覓彼此的聯誼所。簡言之，是個文官戀愛巴士的概念。

在文官訓練所的第一課，老師說：「你們得好好認識彼此，這些同學之中，搞不好有人會成為未來的局長、部長，對於未來仕途的公務生涯規劃上，人脈是相當重要的；就算沒有，多認識一些人，尤其是國家公園及風景區管理處的同學，東南西北出遊的時候，可以跟這些同學申請便宜的宿舍，也算是公務資源的妥善利用啦！哈哈哈……」

秉持著這個原則，教室的座位每週都要重新抽籤一次，說好聽是認識不同的同學，但其實都希望抽到小鮮肉、正妹同學坐在旁邊啊！畢竟要上那麼長時間的課程，抽到賞心悅目的可以顧目睭，抽到輕聲細語的可以提升學習能力啊！抽籤還不算刺激，座位表公布的那一刻，才眞是定生死！如果眞的不幸，男生抽到男生坐隔壁，當場不發一語，整個禮拜都很安靜。不過，公務員的第一課，就是要會喬事情，座位表公布到當天下課前都還是有轉機的，只要找到彼此願意換位置的人，仍可以翻轉當週運勢。其實，對於這樣抽籤換座位的方式，有人或許不太習慣（例如：中年考上的大叔，名花有主的冰山美人），但為了大局著想，還是得乖乖地抽籤換位置。

文官訓練所百分之九十的課程都是你講我聽的講授型課程，大概就是談一些公務員的權利與義務、法規、行政、倫理，再加上幾堂創新思考加變革管理的課程。來上課的，有公共行政系教授、人事總處文官、企業顧問公司講師等等。比較特別的是有一位十四職等的檢察長，他告訴我們，公門修行就是要廣結善緣。我猜他講這句話應該相當夠分量。

老實說，當時上過什麼課程內容大概都忘記了，只記得不少同學一開始還表現得中規中矩，到了第二週便開始「自修」，或是傳起小字條登記要團購外送的飲料，彷彿回到《那一年，我們一起追的女孩》的青春年代。老師大抵都是社會資深的前輩，因此在課程主軸之外，多半會叮嚀台下的菜鳥們要注意公務倫理，要察言觀色，多聽少說，一開始要讓單位的長輩有好印象。一般情況，長官說的就盡量照辦，但如果是口頭交辦的事情，務必請長官白紙黑字寫下來。有講師就直說：「公務系統是：平時好同事，出事不認識（事）」，所以如何求自保，是很重要的。採購法、行政程序法等法學老師更不斷叮嚀：「人在公門好修行，全身而退是王道」。

那時候一直等待，會不會有老師提到公務員的服務態度及精神，不過老師們好像都有共識，跟我們提到的都是跟個人權利、自保、升遷及公務生涯規劃相關的事情，不斷勉勵大家要設定目標往上爬，不要只一輩子當基層。但是，對於當基層或是當高層應該有什麼樣的公共事務使命感，卻不置一詞。

□

創新思考是印象較深的一堂課（見表一），講師來自管理顧問公司，教了許多心智圖、Brainstorming的方法。那幾堂課同學比較有互相討論的機會，後來也要我們分組選定議題，蒐集資料，透過上述創意性思考的方式來發想、凝聚共識，最後進行專案報告，是一段滿有趣的過程。不過，回想起來，當時在小組討論的過程中就發現，有些經過不斷補習、考試、補習、再考試，最後通過考試窄門的同學，似乎對學習已經產生某種放空感，有種「反正進來了，再也不想思考那麼多」的感覺，文官訓練所，眞的是來交朋友的。

其他像是績效管理、變革管理、政策溝通的課程，都用許多理論來闡釋。在最後訓練結束前的考試中，還是得謹記那些抽象名詞做申論，例如：KPI（關鍵績效指標）是什麼？變革策略（革命式、漸進式）、組織變革關鍵因素（確認需求、提供計畫、建立內部對變革的支持、建立外在支持、使變革制度化……）。選擇題的考題則是：

Q：當您將舊有的事務變得不一樣，在組織理論中，稱此為：

表一・103年特種考試地方政府公務人員考試三等考試基礎訓練課程架構及配當表

	課程名稱	授課單元	時數
初任薦任人員應具備之能力	多面向管理	1. 創新思考與問題解決（含案例解析與實作）	6
		2. 變革管理	3
		3. 績效管理（含案例解析與實作）	6
		4. 危機管理（含案例解析與實作）	6
	優質服務	1. 公共關係與政策溝通（含案例解析與實作）	6
		2. 民眾陳情案件解析	3
	公務知能與行政技術	1. 方案管理與習作（含案例解析與實作）	6
		2. 公文製作與習作（含文書處理、案例解析與實作）	9
		3. 預算編審與經費運用	3
		4. 政府資訊系統應用與資安管理	3
		5. 會議實務	3
	小計	54小時	
初任公務人員應具備之能力	課程名稱	授課單元	時數
	文官倫理與價值	1. 憲法精神與政府組織	2
		2. 公務倫理與核心價值（含公務員廉政倫理規範）	3
		3. 經典研析與文官素養	3
		4. 團隊經營與合作	3
		5. 人文關懷與志工服務（體驗學習課程）	3
	公務法律與應用	1. 行政程序法與案例解析	6
		2. 政府採購法與案例解析	4
		3. 國家賠償法與案例解析	2
		4. 政府資訊公開法與案例解析	3
		5. 民法在公務上之應用	3
	義務責任與權利	1. 公務人員權利義務與行政責任	3
		2. 公務人員行政中立法與實務	2
		3. 保障制度與實務	3

		4. 刑法瀆職罪與貪污治罪條例解析	3
	小計	43 小時	
國家重要政策議題與專題演講		1. 人權議題與發展（含國際人權公約、身心障礙者權利國際公約及 CEDAW） 2. 性別主流化	4
		1. 兩岸關係發展 2. 公務經驗傳承 3. 族群融合與多元文化發展 4. 環境倫理與永續發展 5. 健康管理 6. 資訊科技與生活 （6 選 5）	10

104 年 3 月 2 日保訓會公訓字第 1042160142 號函訂定
資料來源：http://www.csptc.gov.tw/

（A）改變
（B）變化
（C）變革
（D）突破

從小考到大的我們，通過公務窄門後的第一件事，還是得繼續考試……說實在，這種考題根本在考翻譯，「改變、變化、變革或突破」？Organizational Change 英翻中是「組織變革」，所以答案是「（C）變革」。然後呢？

下單位了

剛下單位的第一天，跟幾位新進同事一起被單位首長約談，首長一開始先閒聊，問說爲什麼會想選塡這裡、家住哪裡、求學經歷等等。大部分的談話內容，都是他講我們聽，直到最後尾聲，才稍稍問了一下專長。我說對生態研究、資料分析還滿有興趣的，心裡想應該會被分配到負責保育研究的部門。不過，事情不是憨人想的那麼簡單。談完之後，我被分配到解說教育部門，負責出版品管理的工作。

什麼是出版品管理？就是負責清點數量，替單位過去產出的宣導品造冊，長官要用的時候就領出來，核對數目包裝好；有新的貨要入庫，就把位置清空。總之，就是清出舊的，庫存新的，然後建立正確的出版品帳目，讓審計人員來清查時能對得起來。簡單的說，是一個倉儲管理的工作。這是新人年的第一份工作，當時只覺得，原來政府裡頭堆置雜七雜八的出版品這麼多，其中有一些是質量還不錯的，也有許多是看到封面就三條線的。

有些資深同事會提醒我，高考進來的做這個工作太浪費了，要想辦法跟長官反應一下調整工作。可是菜鳥就是菜，而且課裡男丁稀少，出版品的上架、搬運、包裝，都是重活，我想還是承擔起來好了。這樣的工作雖然單調，但好處是藉由出版品發送的跑腿工作，我能很快認識單位裡不同課室的同事，而且也會培養出一些嗅覺，知道長官在哪種場合，會偏好送什麼樣的出版品。大多數時候，老闆會下條子說他要什麼出版品，我負責準備包裝好給他。根據對象的不同，送的出版品自然有所差異；後來，來了一位新老闆，他的作法比較特別，他先定好哪些出版品是A餐，哪些是B餐、C餐，貴賓來訪時（或是去其他單位拜訪時），他只要說我要A＋C、B＋C，這樣就好了。

懵懵懂懂的，這份工作一做就做了一年多。聽說少林寺學功夫之前，要先挑三年水。然而，一年多過去了，我還是不清楚要怎麼定位自己，去爭取適合自己的工作。只覺得，公務員好像就是這樣，日復一日做同樣的工作。上班、簽公文、整理文件、下班、上班、簽公文、整理文件、下班（後來才知道，當倉儲的日子某種程度來說是幸福的，有些新人一下單位，還沒能開始蓋章＊，桌上就已堆滿公文）。

這樣的日子一開始會覺得有點無聊，久了之後，也習慣這樣的節奏了。一眨眼，就過了半年；再一眨眼，就過了一年。日子就這樣一天天地過下去，有時會想，我還能做什麼呢？某人的業務好像滿有趣的，但也就是想，因爲工作分配不是小小承辦人能決定的。不論是被分配哪種工作，新人都很難辨識自己的能力及工作屬性，因爲政府的人事部門，除了處理報到、差勤、考績、升遷、獎懲、進修等固定項目，很少會去理解個人特質，根據個人專長來做業務分配。對人事單位來說，新進人員就是

＊為保護新人，行政院人事行政總處規定新人第一個月不必對公文簽章負責，任何經手的公文必須由輔導人蓋章。

按照人事規則來報到的公務員，不管你是台成清交、公校還是私校畢業、有什麼工作經驗，都不重要。反正就是公務員，大家日後做的事情都差不多，人格特質、專長屬性也不必考量，看哪個單位有缺人就分配去那裡。政府的人事單位，就是做一個保證有工作做的人員分配，談不上什麼人力資源管理。

□

後來回想，剛下單位的頭兩年，應該是公務員養成的關鍵。頭幾個月，新人會有一名輔導員，陪伴他度過那段「試用期」的時光（雖說是試用期，沒通過的應該很少）。輔導員會直接影響新人對環境的觀察角度，而周圍同事對於公務處理的態度，則會影響菜鳥對於整體環境的認知。進入一個新環境，觀察是最基本的工作。但是，公務員與一般行業不同的是，當他察覺這個環境不盡理想時，卻很難自由選擇轉身離去，換到別家公司。如果一開始就遇到認眞工作、有理念的同袍、長官，很容易就受到感染。反之，一開始就習慣泡茶、應酬的公務型態，也比較容易認爲這是常態。當然，每個人都有自己價値判斷的經驗基礎，不見得會近朱者赤、近墨者黑。但台灣人的習性比較不容易在大團體中提出異議，很容易隨波逐流，即使是天生反骨性格如我，在公部門中也不太敢公然抗命，挑戰長官。

一開始遇到的長官也很重要。好的主管，會觀察新人的屬性，找到適合他的工作位置；而以身作則帶動團隊力量的主管，則會讓新人感受到整個團隊的氛圍。在公務生涯初期，能主動尋求好的互動是重要的，整體制度或許有很多不圓滿之處，但至少在一個正面的團隊中，彼此還能互相激勵。

比較幸運的是，我在公務初期遇到一群對生態保育志同道合的公務伙伴，即使分屬北中南東各單位，但在業務上有疑難雜症時都能互相討論，不時會交換訊息，尋求對方的意見及資源；更重要的是，能在彼此因一些公務界特有的、奇形怪狀的「非客觀因素」、「非理性原因」而感到疲乏、無奈、失落時，互相提醒對方莫忘初衷。公務生涯中有這樣的「同行助伴」，是屢屢在失望中不感到絕望、堅持再奮戰的重要力量。

2 不動如山、牢不可破的行政模式

制度無法篩檢的動機與心態

剛進部門，就感受到一團和氣的氛圍。

剛到公部門報到的頭一個月，抱著探索及亟欲求知的精神，用著學校師長告誡的積極態度，想要多了解這個環境。對於一個剛從學校畢業的人來說，他所擁有的就是單純的、事理分明的判斷；但不久後，我便知道只緣身在此山中的奧義。延續著文官學院新生訓練中講師耳提面命的口訣，「依法行政、廣結善緣、全身而退」，就是箇中眞義了。一開始就感覺到，同事間沒有針對公務議題進行討論的氛圍，比較常討論的，是公務之外的事情，比方說，哪裡有好吃的、哪裡有開團購等等。

剛入公門的公務員，對於行政體系的運作還不是這麼熟悉。這有好有壞，好的是會比較不受框架的限制。可以發現，待得越久的公務員，心態上會漸趨保守，當時還滿常聽到的一句話是：「啊，嘸無可能啦！」對於老公務員來說，所有事情都有既定的程序及流程，照著這樣做，就可一天過一天。但是對新人來說，心中會有很多疑問，爲什麼非得這樣做不可？難道沒有其他的辦理方式嗎？如果能夠提出一個比較有創意的方式，爲什麼不試試看？

有時候會想，在學校中，老師鼓勵學生開口問問題，提出說法，延伸出有料的討論；但是進了政府之後，我們開始體會到，很少長官眞正想跟你討論，同一句話，在他的口中講出是明智，在你的口中講出是不智。所以，在眞理不會越辯越明的情況下，到後來也就放棄比較開放的對話方式。所謂溝通，就是在一個假設性前提下，去預設長官的心意，然後在這樣的框架下提出建議。關於事情本質——該不該做、做了有什麼效益、這樣的方向對嗎——的討論，是很少見的。比較常見的，是有關程序、權責上的爭辯：「程序不對，退件」、「這不是我們管的，不要碰」、「之前的人都這樣辦，你爲什麼要不一樣？」……等等。

經過一兩次這樣的碰壁經驗，便會開始思考，是什麼造就了牢不可破的行政模式？很可能是心理上對改變的抗拒，尤其在老機關裡面，所有的習慣是傳承的，什麼樣的公文該怎麼辦理，都有固定的脈絡可循。依循舊模式去處理，最熟悉、最不可能犯錯。一旦由誰改變了過去既有的辦理方式，到時候出了問題，長官一定是追究提出改變的這個對象。

但時代改變，資訊傳播的方式跟過去大大不同，政府在推動政策時很難不去對應這樣的改變。有些行政習慣其實是沉痾，明明知道這樣做是不好的、沒有效率的，甚至依此收集及傳播的資訊可能是錯誤的，但因為在同一個位置坐得太久，失去了對外界資訊更新及判斷的能力，尤其在不敢公然挑戰權威的華人文化下，長官說了算，新進人員很難堅持創新改變的想法，很難就事情的本質與長官進行討論，在長輩「多聽、少說」的交代下，通常會乖乖聽話。一開始對事情本質的質疑，在一兩次挑戰無效，循舊有方式辦理之後，久而久之也習慣成自然，漸漸被淡忘了……

□

我們要什麼樣的公務員？這是個核心命題。有時候，覺得這個社會精神分裂得很嚴重。根據統計，台灣有一半的父母會希望子女考公職，可是，每當有「公務員坐享福利」、「政府反應慢半拍」、「公僕又出包」的新聞，底下的鄉民幹聲連連，對於公務員的批評絕不手軟。「公務員就是爽」、「國家的米蟲」、「只會考試而已」、「花納稅人的錢養一群白癡」……，但這時候也會有人跳出來說：「軍警界更糟」、「考上再來說」、「吃不到眼紅」……這年代能與藍 vs. 綠二元對立情況相提並論的，恐怕就是公務員vs.非公務員之間的意識之爭。

大家一方面重砲抨擊公務員，另一方面卻認爲公務員是個好職業。到底，當公務員好不好？如果說這是個好職業，那爲什麼又常常是衆矢之的？這很根本的，涉及了考公職的心態是什麼。曾經聽過一位任職公門，後轉教界全力推動生態旅遊的老師提及，當初考進公職時，是認爲在政府有資源可以做想做的事情，可以對社會產生影響。但是，現在的人考公職，似乎是爲了求個穩定，對於服務社會的動機，好像變薄弱了。

「公務員是否具備服務動機？」這在沒有口試、沒有人格測驗的高普考機制中，是無法衡量的（即使有，補習班也會教考生如何填出服務動機）。於是，我們產生了一批很會讀書的公務員，但大家都知道，說是一件事，做又是一件事，何況只是會寫而已。當然有些耗盡積蓄準備高普考，苦盡甘來的公務員會認爲，這是他應得的，花了時間付出努力獲得公務員資格，實至名歸。然而，實至名歸的公務員，應該不是會考試，更是願意付出、具備服務熱忱的人。但這種特質，在目前考選制度下，無法被篩檢出來。於是，在還沒談到眞正的行政運作制度之前，考選過程已經先產生一部分不具服務動機的公僕。

□

另一個我覺得有趣的是，當高普考弊案出現，必定群情激憤，勢必得把作弊的一方揪出來；但是，等到這些人眞正進入政府之後，對於人事關說、勞逸不均等不公平的情況，卻又噤聲以對。學生時代，被耳提面命不能作弊，一切要照法條來的常規，進了公門後，好像不存在了。

有一陣子單位內人事異動頻仍，傳出是有背景的人在做掮客，只要去講就有糖吃，關係不夠好的，就會被亂調動。因此，那段時間，同事間有個問候語，「啊你怎麼沒去講？」沒關係找關係，有關係、沒關係的公門文化，眞的是學校沒教的事。當「關係」變成一件重要的事，就會出現「表面一團和氣，暗地波濤洶湧」的辦公室生態。找關係，原本不是壞事，要合作本來就是得找關係；但當找關係變成個人的利己行爲，還談什麼公務員的服務動機呢？

有一種人存在機關內，大搖大擺，連長官也敬畏三分，他們的巴故（背景）很硬，不是議員介紹進來的，就是大官的親戚。說實在的，這些人功能有時深不可測，畢竟在行政部門中，能喬事情比會做事情重要一些。在重要時刻，長官或許也需要借重他們的特殊功能來喬一下。當喬事情變成重要的代誌，長此以往，公務員反而忘了業務本身的意義與精神。**大家只想奮力找到自己往上爬的梯子，至於在梯子上面幹嘛，是服務大眾還是服務梯子，都模糊了。**

曾經有一位從學術單位轉任公務員的同事這樣說：「我每天面對的，都是毫無邏輯可言的事情」，毫無邏輯，至少無傷大雅。反正，模稜兩可，讓大家都留點空間。一句話繞個彎兒講，對彼此都無傷。這是說話的藝術。除了察言觀色，就是揣摩上意。不過有些指令倒是非常明確，「上級長官交辦的、議員要的、委員要的、媒體要的，優先處理」，這是事理最明晰的時候了。只要是以上事件，就得直接成為優先順位，尤其是立院及議會開議期間，身為幕僚單位的一員，每天都得準備好等待議員調閱資料。一個電話來，所有的前因後果、可能方案、預期評估都得條列清楚，若是讓長官在質詢台顏面無光，到時候就得層層檢討。

有時感到，公務員好像是為了長官而存在，成了長官的公僕，但我們領的，不是全民的薪水嗎？

當然，公僕不全然是服務大眾，同時也有宣導政策的責任。比方說，一個環保路跑活動，著重的應該是如何在路跑活動中，有創意的傳達出能在生活中落實環保概念。這種活動規模浩大，雜事繁多，耗費心神。然而，承辦人最擔心的可能不是湧入的遊客，而是要出席致詞的爺們！一個長官帶來的緊迫感，能抵得上幾百名遊客吧！

如果大頭要出席，所有的動線規劃、交通接駁、引導路線、致詞順序、拍照位置，都要預先演練過。如果是要跨夜的活動，還得考量宴客場所、誰坐同一桌（有些王不見王的要先打聽好）、要不要安排餘興節目等等。這些工作流程還不是最累人的，而是整場活動要隨著爺們的行徑路線緊跟在後，生怕不受歡迎的爺們遭到民眾挑戰、看到不開心的場景、走路摔倒之類，無法預期的狀況。

被這些耗去了大部分的心力，承辦人還能記得，這是一場要倡議環保政策的「路跑」嗎？還是，追著爺們跑？一開始，或許還會不習慣，懷疑這樣是對的嗎？但在不斷重複循環的衆星拱月場景之中，好像也就越來越習以爲常了。

我們的公務員，核心價値還是服務群衆嗎？

怎麼就走到了這裡？窗前苦讀的背後

過去十幾年的台灣，經歷了一段政治冷感的時期。兩次的政黨輪替，並沒有替人民帶來太大的希望。大家普遍對於政治人物的言行感到不信任，年輕人不知道自己能做什麼，網路世界的興起，成爲對茫然未來的寄託。讀書，只是爲了延後進入社會的時間。直到即將畢業前，才不得不開始思索，我，想做什麼？能做什麼？

一路走來的訓練，讓台灣學生很會念書及考試，但除了念書之外，對於生命探索及認識自己的部分很薄弱；常見的是，知道自己不喜歡什麼，但卻不知道自己喜歡什麼。多年摸索後，還是對自己想做什麼不太清楚。在評估現實條件與自我條件之後，覺得繼續準備考試是一條比較熟悉且擅長的選項。並且，在社會主流價值下，考公職，是個政治正確的決定，不會受到太多質疑。

從來不曾了解過公務員是個怎樣的行業，自己的個性是否適合當公務員，總之，把對外在世界無奈、內在世界茫然的人生難題，交給了一試定終身的國考。國考，讓內在小宇宙的紛雜得以被救贖；考上了，人生難題也就迎刃而解。眞是一帖速解良方。但，難免還有一絲猶豫不定的心緒，「一輩子當公務員，眞的是我想要的嗎？」

帶著這樣的掙扎，踏入補習班的櫃檯，服務人員細心地分析各考試類科的優劣勢，並且說明考上後的待遇、福利、升遷制度，還舉例誰誰考上之後時常可以出國旅遊、參加活動等等，原本的忐忑逐漸被穩定的人生大夢取代，就決定，考了！

一旦決定要投考，有些人選擇買函授閉門苦讀，有些人則是貨比三家後，選擇了某家補習班落腳。這段時間是破釜沉舟，幾乎斷絕了與外界的一切聯繫：除了每週固定一兩天把近期報紙翻遍之外，平時不花時間與人互動、除了考科相關的知識，不關心其他任何考試領域外的消息——很多人是這樣，一步一步成爲公務員的。

或許，也有很早就立定志向朝公職之路邁進的人，所以在大學、研究所的學習，有一大部分是為了考公務員而準備。但這樣的學習動機，到了真正考上的那一刻，全都釋放了。接下來，就是進入人生的另一個階段，買車、買房、結婚、生子，非常穩定踏實的人生進程。只是，平順的生活，可能讓某些努力的動機不再存在；一連串的人生腳本畫格中，自我成長及突破的片段大抵在前面演完了。曾經擁有的夢想（如果有的話），就全寄託在下一代身上了。

我們常被提醒，當被現實打擊、挫折無力時要莫忘初衷。每個人的初衷不同，但大部分公務員的初衷是什麼呢？多半應該是圖個穩定的人生。畢竟，一開始就想要謀取權力、獲得財富的人，應該會走向另一條路。然而，有多少公務員的初衷是：想要投身公共事務，想透過公務權的行使，改變社會，讓台灣變得更好？

□

有時在想，公務這條路，跟公職考試一樣，都把許多問題簡化了。是非選擇題，簡化了思辨的路徑，而投身公職，則簡化了人生可能的選擇。因此，我們也不難想像，為何政府對產業、空間、文化的發展想像，都走不出局限的思維，因為打從一開始，政府本身組成的選擇就被簡化了。**一群決定讓人生走向簡單的人，某種程度上決定了台灣未來的走向。**

一窩蜂前仆後繼地投入考試的潮流，對社會發展造成的另一種影響是：因爲考公職成爲一種簡單的選擇，台灣喪失了許多在民間會有多元發展的人才。**當準備國考成爲一種社會主流價值時，也同時剝奪了即將投入職場的新鮮人對未來想像的可能性。**

3 神祕的人事、雞肋的考績

關說官有理，公務員努力無用？

關於「關係」這件事，又是學校沒教的事，但是社會大學隨處可見。當走後門拉關係的不公義發生時，在憤憤不平的菜鳥面前，老鳥常說：「習慣成自然~」或「正常啦！」或「不要傻呼呼的」。我想說的是：他X的，這根本一點也不自然，更不正常！

而關於關說，有個經典的案例。

爲了一件立委來函索取資料的急件，從三點半起頻頻探詢祕書，在首長那的公文批下來沒。好死不死，首長今天也是超忙的，接到來自以總統府對面那條路命名的一個學校祕書打來「關切」的電話。關切的重點是，他們學校要爬山，可不可以XXX……這類的情事並非罕見，但是今天這位可是盧功一流。在首長依法依理告知，他的要求並不合規定，也可能造成登山意外的情況下，還是一口氣盧了四十分鐘。平時一派書生氣息的首長，以滿臉通紅卻憔悴的姿態走出辦公室，口中默念著：「天兵，天兵」。

但這天兵不只天，還神通廣大。五分鐘之後，電話又響了，找來了立委叫陣。一直到六點左右，五位前後任立委輪流致電關切。看著神情越來越黯淡的首長，我該批示下來的公文，依然躺在那……

我不禁想，在一個層級不高的單位尚且如此，那麼，中央的業務機關呢？他們接到這種關切電話的頻率應該高很多吧！在這種整天被特權人士關切、想辦法找說法求脫身的環境下，要怎麼能夠冷靜、淡定的去體察基層民意、規劃出符合公眾利益的方案呢？

小小公務員面對的簡單關係是，跟同仁要交陪，否則請假沒人代理、辦活動沒人支援；對長官可若即若離，但是關鍵時刻要懂得挺身而出；與廠商間分寸也要拿捏得宜，否則圖利兩個字會環繞在身邊；外賓來訪時，記得幫長官準備適當紀念品；記者聯誼時，陪笑陪喝不冷場。

而長官們面對的辛酸是，一山還有一山高，爲了求得一個官位，可能祖宗八代的關係都得要用上。

從文官學院受訓開始，老師有交代，「關係要打好，做官做到老；關係沒打好，一輩子撿角」。

正面良善的關係，可以是輕鬆的，理念交流的，無牽無絆的，沒有利益交換的。這樣自然的關係，沒有負擔，即使久未聯絡，再見面時也有聊不完的話題。

而官場上的關係，也是會有聊不完的話題，那是關於暗黑的一面，尤其在酒酣耳熱之後，不在場的永遠是話題裡的輸家……

小小公務員無法想像大人物的世界，只是捫心自問，學生時代認爲的社會實踐本質，在這樣的體系當中，還留下多少？隨著浸淫的時間久了，是不是逐漸將一切都合理化？十年二十年之後，會怎麼詮釋這一切呢？

爬山被關說，畢竟不是每個單位都會遇到，但人事關說，就見怪不怪了。

□

有一陣子，被行政部門的重重枷鎖搞得槁木死灰，思考是不是該轉往研究部門試試看時，正巧就有學生時代夢寐以求的職缺釋放出來了，是某單位的助理研究員兩枚。我想，是時候該換個跑道了，除了送出履歷表，也很積極地寄出自我推薦信給該職缺的主管。畢竟，政府的公務人員履歷表只能塡列一些如任職單位、歷年考績、嘉獎等「客觀」事實，但卻很難看出個人人格特質。比方參與NGO工作及報導寫作，事實上幫助我了解了很多相關產業現況、民間對制度政策的意見，但這是在公務人員履歷表上看不到的。自我推薦信中，我試圖表達：我是個有熱忱並具獨立工作能力的人。

那天面試的人相當多（畢竟是個傳說中行政業務少、研究加給又多的肥缺），我跟另外兩位面試者被安排共同面試，過程中，考官問了些「如果要推動XX業務，有什麼具體的作法」等正常的問題。答完之後，主考官轉頭跟其餘面試官說：「都非常優秀，很難選，呵呵」。面試結束後，私下問了在裡頭工作的學妹，她覺得某位面試者因長期擔任該研究單位的調查志工，與單位配合良好，並且具備目前單位內最需要的資料庫管理專長，應該是優先人選。

不久之後，面試結果放榜，當初聽到很可能錄取的調查志工，是B組備取第三名，我的名字並未出現。然而，跟我一同應徵的另一位同事的名字出現了，是A組備取第一名，而她先生，是B組正取。好同事的先生錄取，雖然有點錯綜複雜的感覺，但還是向她恭喜，她回覆說：「徵人單位的首長還滿識時務的。」

「識時務？」充滿疑惑的我問。

「那個A組正取齁，是XX立委的人；B組正取，是○○立委的人啊！」

「B組正取不是你腦公嗎@@」
「對啊！他有拜託人去講……」
於是，我明白了，這是一場面試前就大勢底定的人事評選。我想到大學那一年，一門即將停開的必修課期末考前，大家無心戀戰，決定互相關照一下。我想靠自己應該是OK的，結果最後我是唯二被當的人之一。當時有種被同學背叛的淡淡感覺（雖然是自己選擇沒有加入互相關照的行列），而這次，是有種被同事背叛的感覺。
然後，又回想起，曾經在研究所考試結束後，聽到地主學校的學生談論，「哇，剛剛那題很像期末考的某題耶！老師人眞好。」甚至，在高考試題中，都能發現很詭異的題目出現，例如：「試描述陽明山夢幻湖的環境資源」。我就想，爲什麼不是高雄澄清湖、嘉義奮起湖（奮起湖不是湖）呢？有種爲特定對象設計題目的感覺。
原來，這種事情一直都存在，原來，以爲研究單位應該相對單純的印象，是個幻想。於是，我醒了。
隔天，同事傳Skype給我，「其實我不是要炫耀啦，只是要告訴你，公務體系就是這樣，我們也不願意啊！可是我們沒去找，別人也會去找……」只能告訴自己，幻滅吧！這個政府就是這樣。當然也有人安慰我，「這世界沒有絕對的公平啦！人一生下來就不公平了。」我心裡想，可以接受不正常的存在，但是，不能把不正常當正常。也想起吳明益老師說的：「你可以墮落，但至少，要知道自己是墮落的。」

我想，如果這是結構性問題，到哪裡都躲不掉，那非得進研究單位的意義何在？如果要找人關說才能進去，就，算了吧！這一招，用一次，會跟著你一輩子。

□

還有一種情況不是關說，但也會覺得有失公平。有次人事甄選，內聘委員三名，外聘委員兩名，應徵者中有一位不論經歷、台風都相當突出，會後外聘委員一致認為他是適合的人選。不過，內聘委員可不這麼想，因為這位應徵者過去曾經參與對政府抗爭的行動，導致高層心驚驚，怕日後無法掌控，挾著內聘委員人數較多的優勢，硬生生地否決掉。

另一個案例是一位朋友去參加國際事務人員的面試，他的能力及語言條件都相當優秀，面試也拿到第一名，理當得到這份工作。然而後來事與願違，他並沒有得到這份工作。原因是，他在不知名場合中得罪了某政府高層，導致相關單位的長官有所顧忌而捨棄他。這是公部門人事甄選的現實，所以，聰明的官僚會體察上意，小心翼翼別成了不聽話的白目分子而葬送了攀升的管道。有時，明知不合理，還是會爲了晉升而噤聲（依此看來，本書作者相當白目）。

人事關說在政府成爲一種常態，如果因此忿忿不平，長輩還會安慰說：「這個政府就是這樣，看開一點。」但我認爲，這種關說文化絕對是造成政府喪失優質人力的主因；優秀的人才經歷這些不合理後，難免會氣餒與消沉，轉念後將心力投向他方。

要改變這樣的文化，就必須根絕關說。二〇一六年二月，行政院院會通過《公職人員利益衝突迴避法》修正草案（書再版時之進度：委員會查審通過，交付朝野協商中），把公職人員與關係人的定義範圍擴大。將政府機關祕書長、機要、政府出資公民營事業、財團法人高層、立委與議員的助理等都列入其中；並且對「利益」範圍重新定義，除了財產上的利益，非財產的利益如「喬人事」，包括任用、聘用、約僱、臨時人員的進用、勞動派遣、升遷、調動、考績等人事措施，也被納入公務員應迴避範圍。若公職人員關係人請託關說被判決定讞，罰鍰額度是三十萬元以上、六百萬元以下。

這是個好的開始，但關說行爲其實充滿了模糊地帶，在違法事證的認定上，也必須舉證證明關說事實與人事任用的直接關聯性，在社會風氣仍認爲關說文化是常態的狀況下，很難杜絕這樣的事發生。

考績人生，一直烤鴨會怎樣

在公務人生裡，考績無疑是生命中最重要的事。當然，有些在公務江湖中打滾已久的瀟灑哥早已不介意考績，專心外務的經營。但對於初入公門的新人來說，未來仍可期，考績是爲長官認眞賣命的重要動機。公門中的潛規則是：剛進來一年的新人，給乙；剛轉調進來的人，給乙；常與主管意見相左的，給乙；會做事還需要聽話，才給甲。做事一半，但做人滿分的，通常是甲。

人評會中，往往是人性彰顯之時，平時辦事不見得堅持的人，到此時變得堅毅無比。進入文官學院第一週，講師就告訴大家，對於公務員來說，考績是一件重要的事情。但我也觀察到，年輕一輩的公務員，有些似乎很早就參透，並不以被打乙爲意。他們無所求，只求一份薪水穩定的工作。

但對於某些人來說，升遷的追求，是公務生涯中成就與否的評價。他們不是很在意自己眞正推動了什麼了不起的業務，而是在於每個時期對長官是否有下對藥、灌對迷湯。因此，官場中常見的八卦是：「今天長官心情如何？」長官的一舉一動，也必須格外留意，因為可能都透露出意向動態的蛛絲馬跡。

考績是主管帶人的操縱線，甲 or 乙？主管說了算。大部分的新人會依照長官怎麼交辦就怎麼做，大家都怕得罪長官，成了黑名單。但是，老鳥就未必吃這一套，因為不論主管怎麼打考績，他早已無關痛癢。這兩種情況會造成：年輕公務員除了依法行政，還奉命行事，久了，也忘記去思考事情的本質，反而比較在意的，是長官怎麼想。年長的公務員，則是多一事不如少一事的心態隨著年紀累加，反正到了一定階段，公務生涯輪廓大概就底定了，無須再計較，也無須再積極任事。

另一種情況是，對於主管來說，有些老鳥並不好應付，所以乾脆都讓年輕聽話的來，勞逸不均於是成形。年輕人開始覺得，多學習反而多事情，乾脆都不要說、不要學，保持低調，假裝很一般。所以，很少看到公務界的點子王。點子越多，主管不見得愛，另一方面，最後可能就是「自己的點子自己做」的結局。想當然耳，最後大家都成為順著長官話講，具衝擊性的討論對話方式在公務界是不被歡迎的，當然這跟在學校時代，老師就不鼓勵學生進行激烈辯論有關。我們太害怕失和的氣氛。

有些人則是超脫了，但太不在意考績的結果，就是永遠只有在意考績的人能夠上得了檯面，成為長官。於是，可以想見，在意升遷的人獲得升遷後，依照性格不滅原理，他當了長官後還是會很在意升遷；還是會很在意長官怎麼想，一般民眾的想法，其實並不在他們的主要考量中。因為上頭交代，下面照單全收，但上頭可能在追求升遷的過程中，心心念念想的是個人表現，與社會責任漸行漸遠。

官場文化，就是揣摩上意的文化、就是害怕得罪人的文化。於是，原本該被解決的複雜結構性問題，很難在官場文化中被理性討論，因爲背後有太多包袱需要清點及顧慮。「現場氣氛融洽，活動圓滿達成」是我們常用的官方新聞稿結尾。

誰把主管的管理工具拿走了

考績制度「玩假的」已是不爭的事實，高比例的考列甲、乙等及「人人有獎」的考績獎金，使考績制度變成「吃大鍋飯的假平等」，對此，考試院長關中曾語重心長地言道：「考績是管理績效的工具，不是公務員的權利」。然而，我國經歷二十年的政府改造及考績法的多次修正，暫不論政府績效是否真的有所改善，人民依然將官僚體系視為貽誤效率的龐然大物，考試院砸破「鐵飯碗」的大動作改革，自然獲得民間的熱烈支持。儘管經過兩年多的擾攘後，就將丙等比例下修為百分之一至百分之三的浮動下限，但改革儼然成為親痛仇快的壯烈場景。（引自黃重豪的論文：〈參與的理想或授能的幻想？從民主行政重構政府績效管理制度〉，二〇一一）

人有安於慣性的習氣，當一件事情做久了，很容易變成例行公事，這不只在公部門，在私人公司也是如此。但私人公司有業績、績效評比作爲激勵員工克服慣性的工具，對政府來說，考績應該也是同等功能。可惜我們的考績制度，百分之九十九點八以上的人能拿到乙等以上的考績。初入公門的新鮮人會追逐甲等而有多一點的衝勁，但如果待久了，對於官場文化看破了，對升遷看淡了，注意力開始轉移到其他事情上，每年把三十天事病假請完，自請乙等的也不少。

有時候，資深前輩會告訴新人，一開始不用那麼認眞，反正你很菜，大概註定會被打乙等。進入政府新人年，不知爲何變成考績委員（大概老鳥都互有糾結），當時考績的打法，是各部門都要拉三分之一的人出來打乙等。根據科室主管的評定成績，最後幾名打成乙等，剩下不足的名額，由考績委員共同投票，分兩輪，票數最高的那幾個，也要被打乙等。大概因爲我是考績委員，除了我之外，所有的新人在第一輪都中箭落馬，而我在第二輪中，也變成乙等。

我還記得那一年，辦理的是玉山參選世界新七大奇景的活動，最後一週全國不分電視、廣播、網站首頁，甚至地方議員都主動召開記者會，全力衝刺要讓玉山入圍。即使最後功敗垂成，那年還眞的是很熱血的一年。不過，我是新人，乙等限定。

《商業週刊》「七年級公務員自爆：我那浪費青春的工作」的專題中，做了關於公務員考績制度的報導，也反映了上述的問題。最後歸納了幾個考績法修正的具體建議，例如：一，在甲乙丙等之外，加入優等，讓認眞的公務員被看見。二，考績要分級評比（新人跟新人比，老人跟老人比，主管跟主管比）。三，打破一體適用的考績制度，根據不同職務制定評比項目，讓考績能與職務對應。

我則認爲，考績評鑑應納入員工互投（不記名投票，互相打分數），並且不只主管打員工考績，也讓員工組成評鑑委員會提供意見，作爲主管考績被評等的參考依據。在一些小單位，或許可以加入科室間的績效評比，依據評比作爲各科室乙等人員比例的分配，改變各科室固定比例乙等的作法（大單位因爲組織業務複雜，比較難進行這樣的科室間評比）。

□

公務員或多或少都認爲現行考績制度不盡公平，然而，如果眞的要修正考績制度呢？大家的態度又是如何？根據政治大學公行所黃重豪的論文指出，「基層對考績制度普遍認爲有需要修正的地方，認爲現行考績制度不但有失公平，也難以藉由考績提升公務員的企圖心」。但問到要進行制度修正的細節問題，比方說：直接參與考績辦法的制訂，大家又擔心被主管標記、或擔心增加額外的工作量及行政程序，結果全因怕麻煩而退縮了。

在某直轄市擔任戶政事務所服務窗口的菜鳥承辦人員說，戶政業務繁雜，且需要第一線接觸民衆，過去的新進人員要上手，必須經由師徒制來傳授經驗。有一位固定的師傅看起來不錯，但畢竟不像水電或是車輛維修一般的技術工，行政業務有時必須要多方協調，當徒弟去請教別人的師傅時，很可能會踢到鐵板。因此，小菜鳥建議能夠針對新人，規劃一個整體性的訓練計畫。這樣的提議，在戶政事務所內算是改革性的提案，小小菜鳥怯怯地提出，心裡做好「自己的提案自己做」的心理準備（通常誰提的就誰做啊）。

結果是，科內的師傅們在小菜鳥殷切的眼神下動搖了，初步願意調整過去積習多年的傳承方式。但人事制度的調整需要牽涉跨部門的配合，即使菜鳥承辦很積極地表達願意承擔訓練規劃的工作，但師傅們想到爲了人事訓練要上簽呈說服上層長官、要召開跨科室的會議協調，就又冷冰冰了下來。

□

要推動公務革新，要提升公務績效，讓認真的公務員獲得應有的鼓勵是基本條件。前考試院長關中任內多次提出考績制度應修正的建言，二〇一〇年送入立法院審議的考績法修正草案，直到現在仍躺在立院。原先修正案中，規定單位中必須有百分之三公務員的考績是丙等，但後來在司法法制委員會討論時，被調整為百分之一到百分之三。但關鍵可能不是多少人被打丙等，而是真正勇於任事者能不能得到應有的鼓勵，在甲等之外另外，給予優等的獎勵（像北市府用首長特支費訂出「市長即時獎勵績優團體與個人核發獎金」）；認真的新人不必跟老鳥比，而是按照年資／職務屬性分級評比；另外，不同部門間皆以相同比例來打乙、打丙的考績制度是否恰當，是人事改革應該思考的。

人才，是組織的最大資本；但政府中，人才還是奴才往往分不清。考績法不修，原本應該是管理工具的考績制度，變成人人有獎的小贈品，有些人根本還不想拿，反正不拿也不能奈我何。

「人事布局」總是惹人遐想

黃重豪做的〈公務員對於考績制度認知〉的研究中，如果問題是：考績是否應該由「民主方式」共同決定，大部分的基層公務員（主管除外）都大表贊同；但如果接下來的問題是，考績評分的逐項細節，都要公開透明讓大家參與討論制訂，就有許多人卻步了。他的論文結論是，公務員並不眞的期待能有一個「公民參與式」的考績制度，而只是偏向對自己有利的考績方式而已。

人事異動，在單位中總是最神祕且敏感的話題，因爲前述的關說文化，有些人透過良好的關係，在人事競賽中取得相對的優勢。所以，誰能升官，背後往往有許多臆測。但事實如何，可能只有當事人知道。人事異動，成了公部門中最私密的熱門話題，扣人心弦，絕無冷場，即使討論熱烈，但不到派令發布時，沒人能百分之百肯定，而有時開獎的結果是出人意料的。

有位長官曾說，「會做事，不一定會當官」。所謂「沒有不聰明的長官」，能當上官的，想必有兩把刷子。只是兩把刷子，可能不是拿來刷油漆，而是拿來粉飾太平。如果能在關鍵時刻幫長官擋子彈，消弭媒體的攻勢，轉移輿論的焦點，就有很大的晉升機會。場面營造得風風光光，媒體新聞稿發得好，都潛在提升了民眾對政府施政的觀感，也創造日後選票的來源。但，這畢竟是行銷術，成功行銷的背後，還是該細看產品（施政）本身的品質如何，那些結構性的問題有去面對了嗎？不好的制度是否有改變？這些細微之處，都有用心的公務員努力投入，但，不見得被看見。

政府中，積極任事的態度並不見得受到歡迎，而拉攏關係的手腕，卻是向上攀升的祕訣。這是個「做人大於做事」的系統。為了防止上位者太會做人，所以制度端出許多防弊措施，但防到的，好像也是基層小咖而已。真正關係良好的，還是有各種管道能合法獲利（不論是有形獲利或無形獲益）。**本質上影響制度運作的，是讓大家只想做好人，不想做好事。**

不是說會做人不好，政府是個大團隊，人和才能政通。但如果創造人和只是為了鞏固自身權益，那便形成集體犯罪的第一步，稱為「利益共同體」。「對事不對人、對人不對事」是兩種極端情況：一，我不認識他，但我支持/採納他的作法；二，我認識他，所以我反對/封殺他的作法。這大概是溝通光譜上的兩個極端。後者應該是台灣政府常出現的樣態。我們應該不陌生，立院諸公常因為意識型態而全面杯葛某些議案。

這世界的事情本就無法二分，民主的精髓便建立在爭議出現時，正反雙方能夠理性討論，找出大家雖不滿意但尚可接受的妥協之道。然而，得到「理性結論」的前提是，必須「理性討論」。但政府部門在行政倫理、階級意識的無形約束下，在會議中通常能夠發言的，都是兩張口的，如果有不同意見，很難跨越「官大學問大」這道無形的牆。我們缺乏理性對話的包容性及空間，而這與我們習於「服從」的政府文化有相當大的關聯。

□

在前述條件下，對於施政的辯論，能夠主導方向的，可能是「系統」。這裡的「系統」，就是「你是誰的人」。派系不同，要能夠互相對話很困難，因為還沒開口，就已經預設立場。更常見的，不同部門溝通時，不是要討論事情本身，而是先討論事情應該是誰的。還沒合作，就先分工了。

我曾經提出過一個社區培力的方案，希望透過公部門辦理工作坊，培養社區自行進行環境資源調查的能力。著眼點在於，要發展永續生態社區，居民對自己環境的認識是很重要的。過去的資源調查計畫都由政府發包給環境顧問公司進行，但畢竟預算有限，要在同一地方持續委託資源調查案很困難，唯有社區自主性的調查，才能建立長期性的資料。畢竟，學會調查方法的社區住民不會跑，但承辦人卻會一直換。

這樣的一個工作坊預計辦理六次，培力八個社區團體，總預算是八萬元。八萬元，在政府衆多採購案中，只是零頭，但，最後卻被否決了。原因是，當時單位內部兩位長官不合，而否決的A長官認爲，這個案子應該是另一位B長官授意要做的，所以，長官C授意，爲避免捲入風暴，這個案子先擱置。而這樣的案例，在B長官離開單位之前，不斷地發生。只要是認爲可能是B提出的，A就想辦法阻撓，不管是什麼事。

物以類聚是生物本能，但如果因爲不是我這個圈圈的，就排除你的意見，因人廢事，是很糟糕的。

4 新時代裡的舊育才方式

無感的研習會、研討會

有一次，在一場演講結束後的問答時間中，講者問，「有沒有人有問題？」全場鴉雀無聲，連抓頭髮的都沒有。這時，老練的講者自問自答的說：「沒關係，對公務員的演講，常常都是沒有問題的。」這時，台下才出現一陣訕笑。公務員很少發問這件事被當作常態，背後有很多心理層面可探討。可能的原因：一，從高普考試到公文寫作，習慣了紙上作業，不習慣在公開場合開口發問；二，不要強出頭的心態，大家沒有發問，我也不要問；三，對主題根本不感興趣，只是被叫來充人頭。

嗯，根據觀察，第三種情況應該占大多數。公部門辦理研習、研討會、講座的數量十分驚人，但民眾參與度常常不高。有長官致詞的場子，爲了避免人數稀疏，場面難看，都會動員單位內的公務員參加。有位老師跟我說，他喜歡去ＮＧＯ邀請的場合演講，即使人不多，但來的都是眞心想參與的；相對的，ＧＯＶ辦的演講，常常都是半推半就來參加的，或是爲了研習時數而來。他說：「看了台下一雙雙無神的眼睛，讓人覺得好痛苦。」即使台上的講者再有料，但台下聽眾的初心是不願意的，就很難有好的互動，想當然耳，最後提問也就冷冷清清。

其實，很多時候，去參加的人根本搞不清楚講者是誰，自己單位的長官致詞完後，就準備撤退了。於是，受邀請來分享經驗的講者面對的台下聽眾，可能都不是業務相關的政府人員，業務相關的人員早早就離場了，失去與講者互動的機會，很可惜。

相對的，在民間舉辦的活動，很多是要收費的，大家花了錢會比較用心。除了演講本身的互動外，也是建立人際資源的好機會，那種場合中，能促成許多合作，也有正向的能量交流。當然，有些研習／研討會議題是相當針對性的，如果一場演講能對在場的業務直接相關者產生啓發及影響就夠了，像這種場合，要求不相干人等來充場面，就很沒必要。

政府辦理研習的目的，有時也很值得商榷，比方說一個兩天一夜的研習，可能焦點不是放在課程，而是放在住宿地點及參訪活動上，這種研習會有很多人報名，但可能只是想去「參訪」，對於課程本身還是無感。說穿了，這也不是公務員的問題而已，這類型有吃又有得拿的免錢活動一公布，總是馬上爆滿，沒報上名的民眾還會打電話問說下次還有沒有。政府單位則習慣了以參加人次當作績效指標的評估方式，所以也樂見不相干的人士來捧場。

我認為，建立研習/工作坊/研討會的收費制度是相當合理的，否則，花錢消化預算，只是提供大家來郊遊散心、拿便當、吃茶點的活動，對於政府施政/公務員能力提升的幫助真的很有限。另外，應該注意的是，研習本身的品質及參與人士是否為目標對象，而不是在地點、場地條件及報名人數上打轉。一場真正激勵人心的演講，是因為參與對象的投入才發生，不在於燈光美氣氛佳。

□

有些研討會、論壇，除了專題演講，還邀請各政府單位進行報告。理論上，這是各單位很好的相互交流機會，但很可惜，常見的狀況是，各單位報告前才到，報告完就走，也沒興趣聽別人的報告，就是來做自我成果宣示而已。主辦單位，理論上應該是最投入的，但常見的情況是，承辦單位的主管為了開幕致詞的貴賓安排戰戰兢兢，所有精力都放在貴賓身上，哪有專注聆聽演講的空間。如果是首長要致詞，就更恐怖了，大大小小各級官員都要露臉。比方說：市長要出席，主辦單位的局長勢必要到場，各科科長也要跟著去。這時候，就得小心翼翼確認市長的出席時間。假設市長八點五十分到，局長就要八點三十分到，科長得八點十分到，小承辦最好八點就到。

然而，常常計畫趕不上變化，研討會當天，市長機要祕書傳訊息給局長，告知市長會提早十分鐘到，接下來的連鎖效應可想而知，大家都被迫要提早出門，一陣連續的慌亂後，總算在貴賓大合照結束，市長離開後，宣告危機暫時解除。但接下來的午宴安排又得傷腦筋，特別是有外賓出席的場子，誰要安排坐哪？誰要去陪誰？又是一番折騰。一天終於結束，承辦人想說，總算可以回家休息了，誰知，大老闆傳訊息給小老闆說，晚宴需要陪同出席；小老闆一臉無奈，望著承辦說：那就一起去吧……

一場研討會，印象最深的就是開幕、午宴、晚宴，以及接不完的電話，真正需要交流的各政府單位，如果事不關己，早就溜之大吉。總之，有露臉、簽到就不失禮了，有多少人真正在意研討會的內容？

有選項等於沒選項的思考模式

公務員很重視終身學習時數，有些單位的人事部門每年要考核個人及團體學習時數，甚至用時數來評斷一個部門有沒有創新學習的能力。對於這樣的評斷方式，我一直很存疑，眞正想要自我提升能力，是踴躍參與研習就可以達成嗎？比方說，近年很熱門的創意思考班，公務員能夠在一天的聽講後，就從靜默的本質突然轉性成爲創意滿分的點子王嗎？或是聽完文創設計課程後，就突然提升了美感的鑑賞力？

「你聽我講」的方式是公務人員訓練最常使用的，近年又很愛開設數位學習的課程，然後爲了鼓勵公務員上網進修，還端出上網研習X小時換補休，或是強迫要修完多少數位時數才能取得某種資格。面對這種強制性學習，我們只能把網頁打開，放它在那邊播放，播放完之後再來猜答案，通常題目都是選擇題，還是擺脫不了從答案選項中找答案的思考方式。

曾經看過一篇文章，作者舉英國地理教學爲例，老師提出海岸遭到侵蝕退縮的問題，提供足夠背景資訊後，要學生去想可能減緩海岸退縮的作法。這樣的問題並沒有標準答案，老師評分是根據學生回答的邏輯、論證能力，以及論證是否建立在具體案例及資料分析之上。同樣的問題，台灣的地理考題卻會是這樣的形式：「面對海岸退縮，何者可能是造成此現象的原因？（A）消波塊投放（B）突堤效應（C）上游土石不當開採（D）以上皆是」。我們太習慣去選擇一個「對」的答案，在公務考題中，即使許多已是申論題形式，但在補習班的「潛移默化」後，公務員習慣線性的思考，最好老師能給一個不超越框架的保險答案，否則就被認定是天馬行空的想像。這種思維方式帶進公務界中，就變成公務人力發展的局限所在。

在實際社會的運作中，從來就不存在已經列好選項的答案，答案通常需要自己去摸索。但是當公務人力發展的樣貌成爲國民教育及高普考的延伸，要公務員跳脫框架去尋找答案，甚至要求創造性思考，就變得很困難，因爲，那不是過去習慣的思考方式。用學習時數多寡來評斷公務員的自我學習能力是否有所提升，就像國小時集「好棒棒」貼紙換文具一般——我們一直到四、五十歲，都還脫離不了競逐成績、分數的遊戲。

□

如果，要培養具備創新能力的公務員，在能力培訓的階段就要有別於過去的方式。除了單向的聽講，公務人員進修訓練，得多一些小組專題研究、圓桌論壇、焦點式工作坊、行動團隊的方式，在討論過程中，找出跨領域合作的契機。在未來環境變遷的挑戰下，絕對的答案將不存在，而面對挑戰所需具備的應變能力，很難從傳統思考模式中誕生。

根本而言，我們的公務員晉用制度，可能需要打破單一領域類科的考選方式。而教育部從二〇一二年開始推動的「跨科際問題解決導向課程計畫」（SHS），目的就是培養具備社會、管理與自然科學跨領域視野的人才。未來，政府選才與人才培訓上，也應該朝這樣的方向設計——從人才晉用階段就納入跨領域視野及創造性思考的人，才能有活化的機會。

跨領域溝通人才須從學校開始培養

因爲本身關心海洋事務，所以在不經意的情況下留意到中山大學開設了一個學程：「海洋生物資源永續發展課程」，它屬於科技部「跨科際問題解決導向課程計畫」的其中之一。這個學程的特別之處在於其「跨領域，問題解決導向」，學生除了來自海洋科學院，也有管理學院、理學院、社會學院、文學院、藝術學院的學生參與。課程的設計上，從基礎養成（社會科學、政策管理、生態基礎）、進階實務（海洋政策與行銷、社會組織與動員）到專題實作，一系列以實務解決爲導向的課程安排，讓學生可以跨領域學習到解決問題的工具。比方說，原先海洋科學院學生的專業科學基礎強，但不知道如何將知識應用在社會參與，透過基礎及進階課程的設計，可以學習到許多與政策、管理、行銷相關的知識；相對的，管理及社會學院的學生在這個課程當中，也學習理解自然科學研究的過程，有助於在政策、管理層面的思考。

這個學程共進行三年，在第三年舉行成果發表時，學程選擇讓學生走向社區的方式進行發表，利用端午節連假期間，在哈瑪星代天宮、駁二特區、旗津海岸公園等地，嘗試用戲劇、短片拍攝、快閃活動、臉書專頁等各種方式，跟社區探討台灣的漁業議題。另外，分成幾個小組到各地進行田野調查，田調地點不只高雄，更延伸到屏東、台東的漁村。中山大學社會系黃書緯老師說：「本來是希望同學們能夠演練踏出校園後該怎麼把理念轉化為實際行動來傳達，但同學們說，我們現在就要踏出校園」。海洋事務管理研究所張水鍇老師則認為，學生在課本上學習很多漁業管理的理論，對台灣漁業過度捕撈的情況只有批判，但實際走訪田野之後，會比較了解理論在社會應用時的實際問題。在了解問題之後，會反思需要什麼樣的工具來解決問題，回過頭來提升對專業學習的興趣，對學習方向的引導是有幫助的。

政府部門其實遭遇越來越多的跨領域問題，不管是流域管理（牽涉森林保育、集水區管理、水資源管理、污水處理……）、疫病防治（牽涉國際貿易、公共衛生、野生動物流行病學……）、氣候變遷（牽涉溫室氣體管理、防災系統、疫病傳播、農漁業變遷……）等等，都得涉及許多不同專業領域的知識才能解決。然而，過去我們的教育模式是單向給予的、單一學科的，讓「跨領域」、「問題解決導向」的人才非常難以產生。記得我求學階段時，大學老師常說：「我習慣你們不問問題了。」現在的教育問題則更複雜，許多資訊不是學校課本能給的，因此學生對於課本的學習意願更低。老師們感嘆的說：「三分之一的學生根本沒在認眞上課」。

□

或許我們得重新定義：到底學習是什麼？土木工程學系教授李鴻源指出，台灣大學許多老師的教法在過去二十年間沒有太大改變，因此，學生所學的東西很多時候在實務上都派不上用場。倒也不是說老師教的理論不重要，理論教學，本來就與實務導向是不同的，理論的學習過程能建構出學生的思考能力。不過，拿到基本工具後，發展出自我學習、資訊蒐集、獨立研究的能力，就不是單向教學方式所能給予的了。面對資訊來源龐雜、問題面向繁複的情況下，我們的確需要ＳＨＳ這種問題解決導向的學程，來培養出一些跨領域人才。

可惜的是，這個計畫是僅為期三年的試驗性、非常態性的學程，也就是說，學程老師、學生可能感受到一些有別於傳統教學的方式，並且開始認為這種方式能提供不同需求的人才養成訓練時，卻得暫時互道珍重了。點亮一盞燈，然後又悄悄讓它熄滅，這似乎是政府一貫的模式。

積極，需要勇氣

公務員總被說不夠積極，長官有時提醒要積極一點，但真正很積極的，卻又可能被告誡要尊重公務倫理、不要越權、不要搶事做。這樣，對新人來說，真的很困擾，不知道該多做一點，還是默默遵循上意就好。

通常進入一個新的公司，都會被要求「多做少說」，懂得「觀察」。前面有提到，在進入政府的第一年，我被分配去管理倉庫的出版品，好處是，大家要申請出版品就得找我，因此很快地認識不少同事；壞處是，這樣的工作，其實很例行公事。但初入公門的我，覺得長官的話就是要遵循，所以別人看我大材小用，我倒也做得開心，就當作在上架倉儲、搬運、寄送的工作中鍛練身體。

但這工作做了一年之後，慢慢開始對自己產生懷疑，難道我要一直做這樣的工作？不過因爲當時我還是處於新人「觀察」的狀態，不敢向長官反映自己的想法，開會時也盡量不表示意見，好好扮演一個懂得尊重前輩的新人。

一連串的「觀察」後，我發現政府施政中，**中階主管其實是關鍵角色**，首長即使有企圖心、有改變的魄力，但遇到只求穩定的中階主管提出一堆窒礙難行的理由後，常常也只能臉色一沉，「下次再議」。面對大老闆跟小老闆的意見不一致，小菜鳥只能夾縫中求生存，讓大老闆看來事情有在辦理，但也不帶給小老闆太多困擾。至於自己的看法，通常不會顯露，看臉色辦事就對了。

這種狀況，直到我換單位之後才有了改變。新單位中，有一位高階長官滿積極，但是積極的長官對下屬來說，可能就變成一種壓力，但礙於長官交辦也不能完全不辦，中階主管大概會打七折接單。這樣的狀況高階長官也清楚，所以，有時他會跳過中階主管，直接找承辦人溝通，在公務倫理上，當然有人認爲這樣不太好。不過，我卻因此能直接表示一些自己的想法。後來才知道，這是可貴的事。通常，官大學問大，長官交辦，小小承辦都只能配合辦理。但那段時間，因爲有直接與長官討論的機會，所以形成雙向溝通的管道。這樣的氛圍，會讓自己感覺意見是被尊重的。

對我來說，公務資源的誘因，是能有資源去推動自己想做的事，比起「穩定工作」這個條件有吸引力得多。所以，趁著這個機會，能把政府與民間資源做連結，把資源導向社區培力的工作，讓社區參與生態調查，將成果回傳到政府的生物資源資料庫系統，成爲長期資料來源的管道。這樣的好處，不但讓公民知道政府在做什麼，並且參與其中，也比較容易認識彼此，促進對話與溝通。

有長官的支持，比較能有發揮的空間，覺得公務資源眞是好用。那位長官曾跟我說了一句話：「在政府，能做事的時候就盡量做，不能做時，就先找別的事情做，等待下個機會。」那段時間，因爲他積極的態度，我也受到感染，先前覺得在政府很難做事的無力感頓時消失。

5 即將看得到吃不到的年金

鐵飯碗都快生鏽了，還能期待月退嗎？

某天下班後，跟朋友約在咖啡店做英文作業，旁邊坐了一男兩女，約莫是四年級後段五年級前段，男的開啓了話題。

男：「我跟你說，下禮拜要去○○一星期耶，自助的喔！」

女：（羨慕）「怎麼那麼好～你英文可以喔？」

男：「科科科科科科～還可以啦～就下班還有去上課咩。」

女：「認眞的咧，啊不是年底才剛出國，又要出國喔？」

男：「快退休啦，趕快安排一下。」

女：「這麼年輕就退喔，兒子養你喔！」

男：「我算了一下，退休一個月打七折還有六萬左右，想一想，乾脆就退啦！」

女：「搞不好以後沒有了捏，你看現在出生率怎麼低，薪水又少，以後搞不好年輕人繳不起稅喔。」

男：「現在年輕人就不努力，想當年我們還不是這樣熬過來，什麼繳不起，反正他們到時候就要盡力想辦法賺錢來繳稅。」

眞的不是我想聽，老男人的聲音又渾厚又重，字字句句像雷聲一般傳入耳中，理直氣壯的態勢，逼得我將內容聽得清清楚楚。聽他們的對話內容，就隱隱約約感覺到他們應該是公教人員，當他們在聊旅遊話題時，這種肯定達到百分之七十，最後聽到聊月退的金額，應該可以肯定是位教師，否則，應該是九職等以上的公務員。先不去推論他的背景，這段對話聽在耳裡，眞是既無奈又不平。

我們這一代，是經濟上吃菜尾的一代。約莫十年前，我畢業時，開始有同學利用延畢來延遲出社會的時間。家長說，沒關係，等一年，景氣回升時再出來就業。但，情況並沒有如期待般好轉，於是，過了二至三年，家長們開始對在學的孩子說，要提早準備，去考老師、去當公務員。大致的概念是，「公務員薪水不高，但最穩定，退休還能領固定月退俸」。

但未來的公務員，眞的有這麼穩定嗎？從希臘二〇一〇年破產以來，「今日希臘，明日台灣」的警言不時出現在媒體評論中。許多評論都指出，台灣軍公教退撫及勞保年金制度再不改，會把台灣總體財政拖垮！其實，不只希臘，英國也有同樣危機，因此在二〇一一年就推動「退休金改革計畫」，不僅削減國家每年三百二十億英鎊的退休金支出、增加需要繳納的退休金額度，更要求將公務員退休年齡延長六年至六十六歲。即使是經濟情況一直都不錯的香港，二〇一五年中也宣布，新進公務員退休年齡延長五年至六十五歲。

台灣的情況，已經到了不改不行的地步，二〇一四年軍公教退撫基金首度入不敷出（見表二），收入較支出短差近三十四億元。其中最嚴重的是軍人退撫基金，從二〇一一年開始就出現赤字，並且每年赤字皆擴大，二〇一三年收支達到三十九億元的短差；教師退撫基金在二〇一四年首度出現赤字，公務員退撫基金二〇一五年亦開始入不敷出。**依據現行制度，軍、教、公的退撫基金將分別在二〇一八年、二〇二六及二〇二九年破產，亦即，目前四十五歲以下的公務人員，都將受到直接的衝擊。**

表二．軍公教退撫基金預計破產年份

	軍人	公校教師	公務人員
在職＋ 退休合計人數	18.4 萬人	28.6 萬人	40.4 萬人
在職人數（註 1）	13.6 萬人	19.2 萬人	29.4 萬人
退休人數（註 1）	4.8 萬人	9.4 萬人	11 萬人
近五年收支結餘 （單位：億元）	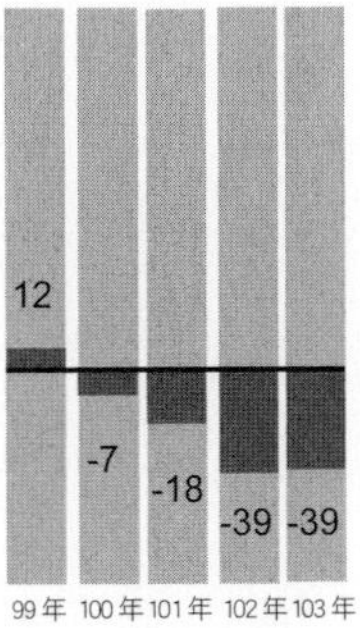	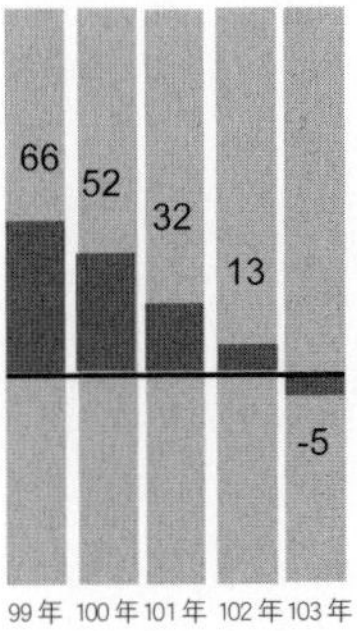	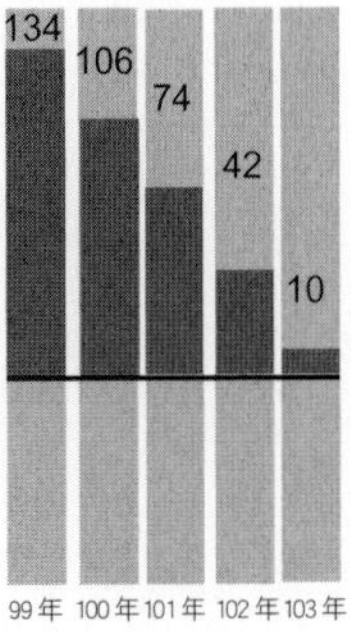
收支首見紅字	100 年	103 年	104 年
預計破產	107 年	115 年	118 年
未足額提撥數 （註 2）	4100 億	1 兆 700 億	1 兆 800 億

註 1: 軍公教合計 87.4 萬人，統計至 102 年底。
註 2: 基金用盡年度（破產）經監理委員依最新情勢調漲。

資料來源：基金管理會 102 年基金年報，393 團隊研究整理。
製圖：《財訊》雙週刊第 486 期

怎麼算也不對的數學題

影響年金支出最大的「退休替代率」（退休金占退休時薪資比率），希臘經過大砍，退休公務員平均替代率已經僅剩百分之五十六；而台灣目前仍訂為百分之七十五至百分之九十五，**根據銓敘部概算，近年台灣退休公務員所得替代率約在百分之八十九至百分之一百零二之間**。以其他國家退休金的所得替代率來看（見表三），法國、智利是較高的百分之七十五，德國依公務年資最高可達百分之七十一點七五，加拿大百分之三十五至百分之五十五，澳洲是平均百分之四十三左右，台灣目前新版的年金改革方案希望設定在百分之八十，與世界各國相較，仍是偏高的。

根據《今周刊》九六七期的調查，「公務員對於退撫基金改革的支持度達百分之七十九，超過百分之六十四的公務員受訪者認爲，合理的退休年齡應在六十歲以後。」以目前平均退休年齡來說，台灣公務員平均在五十五歲退休，而希臘公務員在撙節逼迫的年金改革前，平均退休年齡是五十七歲；但希臘現在已經準備將退休年齡延長至六十七歲，並消除提早退休的現象。

台灣新制的年金改革方案，將月退休金設定不能超過現職待遇百分之八十，以薦任七職等年功俸

表三．先進國家公務人員退撫制度之研究

國家	退休經費來源／提撥比率	退休金計算方式	所得替代率	退休年齡	退休金給付方式
加拿大	YMPE(年度最大退休金收入) 1. 低於 YMPE，提撥上限為 6.69%；高於 YMPE，提撥上限為 9.55%。 2. 退休經費來源 / 提撥比率僱主與員工提撥相同比率。	4% × 低於 YMPE 之所得 × 年資 + 2 % × 高於 YMPE 之所得 × 年資。	35%－55%	1. 法定年齡：65 歲。 2. 年資與年齡合計為 85。	年金
德國	由國家根據該會計年度的財政來支出。	每多 1 年年資，所得替代率增加 1.79375%。	擔任公職滿 40 年者，最高可領取的退休金為擔任公職薪資的 71.75%。	1. 一般公務員為 65 歲；警察、消防隊員及司法人員為 60 歲；航管人員 55 歲。 2. 年滿 63 歲者可提出提前退休申請。	月領
法國	公務員提撥 7.85% 政府提撥 27.3%	退休前 6 個月的平均薪資 × 工作期間 × 規定比率	75%	60 － 65 歲	月領
新加坡	1. 根據經濟發展和員工工資水準、企業勞動力成本及公眾對公基金評價等因素，實行動態管理。 2. 提撥比例隨受僱者年齡不同而有所不同。	普通帳戶與特別帳戶所累積的儲金。2009 年 7 月 1 日起最低留存金額為 117,000 新加坡幣（約台幣 270 萬）。	依提撥金額與投資績效而定。	55 歲	按普通帳戶、特別帳戶及醫療儲蓄帳戶做不同用途之提領。
智利	每月提撥薪資的 10%	提撥金額 + 投資收益，政府提供最低收益保證。	依提撥金額與投資績效而定，預定為 75%。	男性 65 歲，女性 60 歲，可申請提前退休。	1. 即期年金 2. 暫時收入與遞延年金混合 3. 終身收入 4. 終身收入與即期年金混合。
澳洲	僱主：至少 15.4% 員工可自願提撥	根據所持有投資選項的賣出單位價量決定退休給付	依帳戶金額計算，平均為 43.46%。	55 － 75 歲	一次金

資料來源：銓敘部委託研究計畫，二〇〇九年。

六級（一般非任主管的頂級）、三十年資退休公務員爲例（月薪六萬出頭），經計算，原本退休後可領月退休金加公保年金每月爲五萬五千多元，經過百分之八十所得替代率的條件限制，最高應只能領到四萬八千元左右的月退俸（其中百分之二十五爲公保年金）。不知道大家對於這個金額看法如何？

年輕的一輩看到這個數字，多少會抱怨，我用力工作一個月才四萬元，但退休公務員出國遊山玩水每個月卻領將近五萬元。或許有公務員會說，月退俸領的一部分也是從公保年金支出的，那是公務員每月薪水裡先扣掉，退休後再領出來的。但根據退撫基金精算報告，我們每個月薪資提撥的自提額，早就無法支撐這樣不合理的給付。**若要維持現有的支出，公務人員的最適保費是百分之四十二（現爲百分之十二）**。

除了公保，退撫基金才是公務員退休金的主要來源，退撫基金每個月由本俸提撥百分之十二，其中個人負擔百分之三十五，政府負擔百分之六十五，以前述七職等年功俸六級公務員計算，每個月的自提額是本俸兩倍再乘以百分之十二，即爲 $39,090（本俸）×2 ×0.12 = $9,381，個人負擔百分之三十五，即爲 $9,381 ×0.35 = $3,284。假設三十年資每個月都以這個最高提撥額支付（但事實上，未達年功俸頂級前的提撥額沒這麼高），總共繳出 $3,284×12×30=$1,182,240，約一百一十八萬元。

然而，退休人員會領回多少呢？

依據現行退撫制度，退撫金按月給付金額等於兩倍本俸 ×基數二%×年資三十，以退休前本俸三九〇九〇元計算，退撫金按月給付金額等於 $39,090×2 × 2%×30 =$46,908。以六十歲退休，平均壽命八十歲計算，共領二十年，於是總共會領回 $46,908×12 × 20 =$11,257,920，約一千一百二十五萬。**繳出一百一十八萬元，領回一千一百二十五萬元，報酬率是超高的百分之九百五十**。

亦即過去常聽到的，公務員繳一元，卻領回三元，還算是客氣的說法。繳出與回收這段空間的增值，除了政府拿退撫基金去投資所獲得的投資報酬率而來，剩下的，就是仍在工作的這群人必須負擔。

面對二〇二〇年人口就要開始負成長、二〇二五年將成爲超高齡社會（六十五歲以上人口超過百分之二十）的台灣，目前四十歲以下的職場工作者將面對越來越沉重的扶養壓力（二〇四〇年扶養比達百分之七十，十個工作人口養七個非工作人口），如果不調整年金制度，在老齡化社會的加乘效應下，不只是看不見未來而已，台灣年輕人的未來將很嚴峻！

退休人員緊咬，年金改革推不動

希臘破產前一週，全國銀行宣布實施資本管控，ＡＴＭ前排滿了人，每人每天只能提領新台幣二千元左右。民眾集合在憲法廣場前示威叫囂，但完全無法改變任何事……場景回到台灣，如果現行制度不改，未來二十年我們的勞工和軍公教的退休基金總負債，將會是十七點五兆元的潛藏負債。到時候，政府只能一直舉債來支付退休金。債務，就是下一代要還。這樣的情況，難道政府不曉得？

當然曉得。但再精密的財務計算，比不上「政治計算」，政客擔心談改革就傷心，丟了公務員的選票。是以，從二〇一三年就在談的年金改革，到現在還未真正上路。每當改革聲浪蜂起，退休族群開始大聲捍衛自己的既有權利時，好像真的得罪不起。

二〇一六大選前，果然退而不休一族又開始發揮他們的影響力，二〇一五年十一月十八日刊在《自由時報》的〈公教退休人員總會提警告 不要站在軍公教對立面〉一文，明白地恐嚇國民親三黨，誰讓公務員權益受損就是跟選票過不去！

關中還任考試院長時，於二〇一三年中推出「年金改革相關草案」，擬對新進公務人員採「確定給付制」兼「確定提撥制」的多層次年金制，以降低整體給付水準；現職人員退休將從八五制改爲九○制，以延後退休金起支年齡，並將計算退休金的基數內涵，由「本俸二倍」降至「一點七倍」，退休金計算標準也由「最後在職俸額」改爲「最後十五年平均俸額」。最受爭議的百分之十八優存利率，逐年降至最高百分之九。此外，改革方案除明訂以現職待遇的百分之八十作爲退休所得替代率的上限，也訂出三萬兩千一百六十元之下限。

這樣的改革方案，整體來說，對新進公務員、在職公務員及退休公務員的月退俸都做出同步調整。另外訂定的支付下限也保障退休人員的基本生活需求，算是兼顧世代、階級的平衡。然而，這樣的方案，卻在立法院遭遇無限期拖延戰術。當時，有藍營立委明白指出，如果繼續推「關中版」的年金改革制度，就要杯葛所有銓敘部提出的法案。退休軍公教人員結合立委的力量，緊咬口中的肥肉，連挑出一根豬毛都不可得。

□

在此引述參玖參公民平台財政專案負責人黃崇哲博士的一段話：「年金改革應先計算出每個人退休時，可以過有尊嚴退休生活的基本需求是多少錢。」**年金制度的意義，應該在於「世代互助」，而**

制度設計，本就該與時俱進。

難道，必須跟健保一樣走到瀕臨破產，前衛生署長以辭職明志非改不可的時候，甚至引發新進公教人員上街的那一天，我們的年金制度才有改變的可能嗎？

退休金

第二部

公務制度與文化的糾結

The Tangled Rules

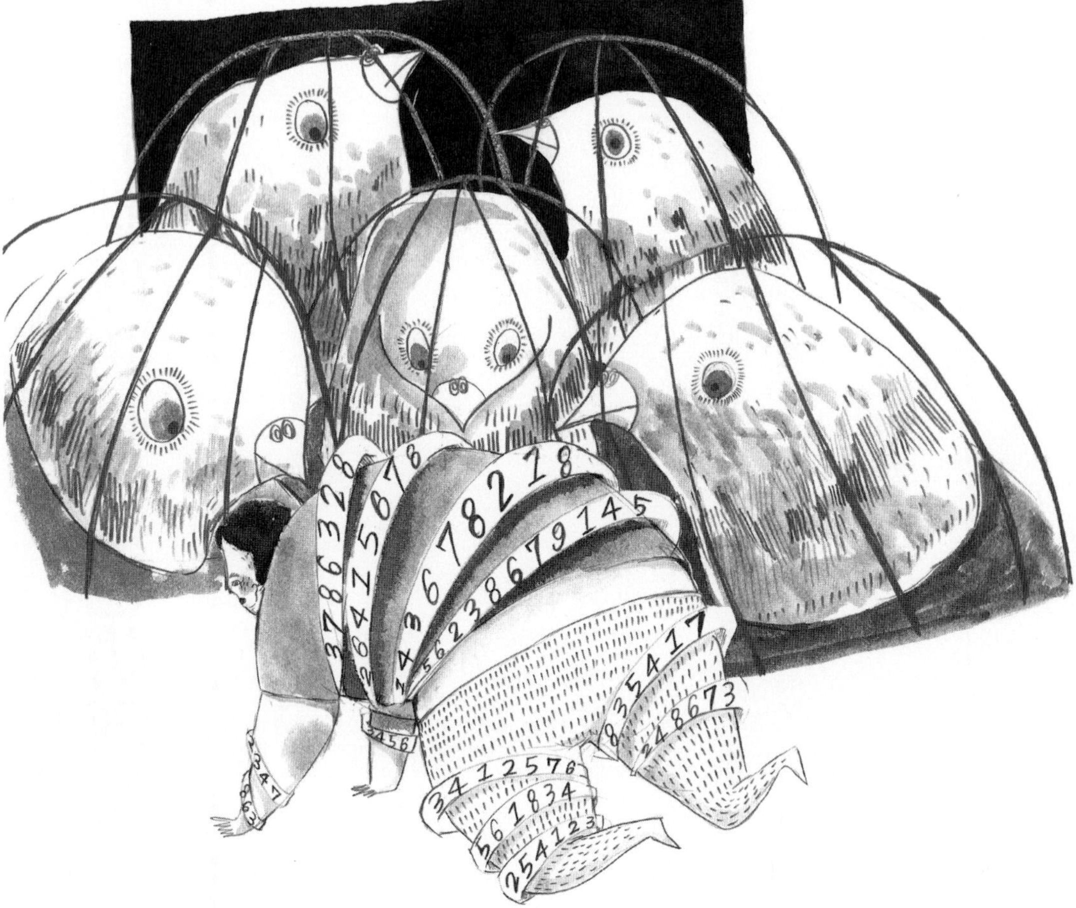

6 會計制度防弊，也防創新

以繁馭簡、字斟句酌

曾經跟某單位合辦過一場研討會，因爲這場研討會的報名費定價太高，又位處偏遠的南部，報名人數非常慘烈的不超過手指加腳趾的數目；然而這回邀請了許多國際講者及國內學界大老，如果只有小貓兩三隻，到時候場面會非常難看。於是，上頭交代，發文給NGO，請他們派代表參加，由我們補助研討會的報名費。

嗯，聽起來相當簡單。就是發文，請NGO塡報名表回傳，統計人數，這麼簡單。但是，因爲這件事發生在政府單位，就變得很棘手。首先，我們得考慮到核銷的問題。如果補助給NGO，到時候每個NGO都要依報名收據檢據核銷，如果有五十個NGO，就有五十張核銷憑證；如果，每個NGO兩名參加，就有一百組個人資料及簽名要填寫。

這還是最小的問題。接下來得考慮，這些補助是要直接給合辦單位，或是給NGO。理論上，是補助NGO的報名費，所以應該撥款給NGO。但是，要撥款給NGO，就得要他們先繳報名費。如果，要NGO先繳高額的報名費，那他們會願意來參加嗎？即使我們承諾之後會補助，還是會大大削減報名的意願。這樣，便達不到當初希望增加報名人數的目標了。

其次，開始想到根本上的問題了。採用補助報名費的方式，這些報名費的收入最後還是進到合辦單位的手裡了。就等於，原先已經花了一筆經費補助辦活動所需，現在，又要補助他們的門票收入？於是，有些異見出現了。是不是該補助報名呢？還是乾脆提供NGO免費參加的名額就好？

「不行，還是得讓NGO知道研討會是要收費的，這樣才能凸顯研討會的價值。」大老闆說。

「但是不能跟NGO先收費啊，收費的話，可能報名人數很難看。乾脆算人頭，到時候看多少人，請合辦單位憑簽名請款。」小老闆說。

「這樣好了，憑報名收據核銷到時候很麻煩，乾脆用場地租借或設備租借申請活動補助好了。」會計主管說。

「這樣不是又重複補助了一次活動嗎？之前都補助過了……」小小老闆說。

「如果是這樣，預算科目要用哪一條補助？」補助款承辦人說。

於是，在衆官七嘴八舌「補助 vs. 不補助」、「報名費 vs. 免費」、「補助報名費 vs. 補助活動費」的爭論中，一天，眞的是一天，就這樣過去了……

平心而論，整件事情的本意，不就是希望請人來報名而已嗎？發個邀請函，憑邀請函進場就好了啊！但是，代誌不是憨人想的那麼簡單，在公門裡，事情總會變得很複雜。如何面對「以繁馭簡，小事化大」的處事原則，克服人性厭倦繁瑣的心理狀態，眞是公門修練的重大挑戰。

小心翼翼的會計系統

有一句話，我覺得很經典、也很寫實地呈現了目前台灣公務界的狀況：「這個制度，讓壞人不能做壞事，好人也不能做好事。」

在一個民主國家的發展進程中，貪污的程度被視爲進步與否的指標。過去，台灣官商勾結的情況很嚴重，爲了防止這些弊端，設計出了「防弊型」的會計制度，以非常嚴謹的方式審查支出項目。任何採購都要發票檢據，最旁枝末節者，就連一箱鉛筆可能也要審核，包含筆的廠牌、型號都要拍照，提供會計存檔使用。當然業務科室必然有小小抱怨，常聽見的說法是：「如果審計來查帳，有問題你要負責是不是？」

審計人員的角度，往往跟業務人員大大不同。有一次，有環保團體的朋友跟我抱怨，他們打算跟企業合辦淨灘活動，結束後，需要清潔隊來協助清運淨灘完之後成包的垃圾。結果打電話去聯絡，清潔隊員卻說，如果活動有申請政府的經費補助，去清運垃圾需要收費。這位大哥朋友氣呼呼說，海灘的垃圾，本來就是地方清潔隊要負責的不是嗎？怎麼民間協助淨灘，反而要被收費？

嗯，面對這樣的問題，一時我也很難解釋，只能默默點頭稱是。但事後了解，清潔隊是擔心，萬一補助項目中有編列垃圾清運費但他們卻沒收，日後可能會被審計單位糾舉失職。可以想像那個畫面，審計人員到清潔隊查核，可能根本不看活動內容是什麼，只看活動有沒有補助？只要是有補助辦理的活動，就要收取相關費用，不管活動是放煙火、園遊會、路跑還是淨灘。

不過，回到活動本質來看，淨灘這件事，是清理既有垃圾，跟路跑、煙火會製造額外垃圾的狀況截然不同。民間自發的出人出力淨灘，即使申請了一些茶點、清潔工具補助，但請清潔隊來收淨灘垃圾還要額外被收費！本來是當清潔義工，卻被當垃圾賊偷，可以理解環團大哥的火大。

對於審計人員，真是令人又愛又恨。有時候會好奇，他們的個性本來就小心翼翼嗎？還是成爲公門會計之後才變成這樣。不過，如果帶一些同理心去看，每天面對那些可能一輩子都賺不到的數字，不仔細琢磨還眞是不行；而政風的存在，本來就是以防弊爲目的，人在其位，謀其政，這點大家是懂的。問題是，面對公務系統採購的困難重重，很多本來的好事，在會計不斷地來回檢視下，業務單位也就得不斷來回修正調整，等到簽核批准，本來的一股衝勁可能火花都熄了一半。

四隻小豬的故事

會計系統與業務部門的高手過招，大概每個單位都有一拖拉庫的故事。

記得有一年接了管理處與區內原住民伙伴關係的業務，爲了凝聚不同地區間部落的情誼、促進文化交流及傳承，所以在農曆過年前，舉辦了部落的聯誼活動。除了傳統祭典展演、聚落參訪之外，晚宴也是很重要的部分。因爲園區內都是山地部落，許多祭典緊扣著狩獵文化，礙於管理處立場，無法讓各部落直接以打獵進行交流，而是以烤豬的方式，盡量讓部落以傳統方式搭設烤具，藉由豬隻解剖、烤肉分工的過程，達到互相交流的目的。

參與聯誼的共有三個部落，豬要幾頭才夠分呢？原本是認爲兩頭就夠了，但在活動一週前的籌備會中，部落反映希望增加，因此首長承諾要給四頭豬。聽到這樣的裁示，我開始緊張了，時間相當緊迫，但爲了首長承諾，得把原本已經簽核採購的兩頭豬改成四頭才行。但好死不死，那天會計大人不在家，只好拜託代理人蓋章，趕緊把流程往上跑。看到首長批「可」，就下訂了四頭豬。

活動籌備的過程，往往是很累人的，尤其瑣碎的事情很多，很難面面俱到，只希望一切順利就好。活動當天，每個部落分到一頭豬，在地的部落因爲動員較多人數參與，分到兩頭。大家烤得興高采烈，在過程中也互相比較不同的豬紋理切割、分肉及烤肉技巧，在晚宴開始前透過這樣的形式敘舊，在晚會時也比較能放得開表演。

三天的活動圓滿結束，大家開開心心的回到各自的部落。我鬆了一口氣，但整件事尙未落幕，後續還有許多經費核銷的事情得處理啊！這時候，眞正的難題出現了。會計大人看到原本的兩頭豬變成四頭豬，大爲惱火，一來，認爲事先沒有充分溝通；二來，認爲三個部落吃掉四頭豬，不太合理，開始追究那天晚上的豬肉到底有沒有吃完，是不是有剩下的肉被其他人打包帶回家了。

爲了這兩頭多出來的豬，那個禮拜我眞是坐立難安，一頭豬上萬元，如果這兩頭不能核銷，我豈不是得自掏腰包？只記得，那個禮拜由許多善心長官陪同，輪番上陣，頻頻進出會計大人辦公室協調仍無結果。最後，是首長在處務會報上說：「如果眞的不能核銷，那我來出好了。」才終於化解了這場僵局。

那次之後，我學到一課，要把事情做好，不是長官說了算，還要會計說了算。雖然有時候，業務單位跟會計單位之間的鴻溝如此之深，但或許也能理解，出發點不同，所思各異也是必然。會計以撙節公帑爲考量，承辦人想把事情做好，卻不見得符合會計期待。

當財政越吃緊，主計的責任越重大。聽業界朋友說過某營建署所轄單位，規定議價後的計畫案所有經費項目依照減價比例全面調降，包含薪資、差旅費、交通費、講師費、出席費……全面打折，委員領到一千九百七十一元的出席費感到莫名其妙，原來，一千九百七十一元是原來二千元出席費的九六折啦！

這樣的會計系統下，出現各式各樣的權宜之計。比方說，我們都知道計畫預估金額一定被主計打八到九折，於是就先高估兩成來因應；因撙節預算不再買新公務車，出差時又不能報計程車費，就算到偏鄉還是得搭公車，於是乾脆就在計畫裡編租賃車（但一個月只開三到五次，所有計畫租車錢累計下來早就可以買公務車）；辦活動核銷餐費時得檢附所有便當的照片，於是叮嚀便當店老闆送貨時要先拍照；有時審查委員把高鐵票根弄丟了，或出國長官把住宿單據弄丟了，主計不給核銷，只好含淚自己吸收，或拗計畫委辦公司拿錢出來……

好人不能做好事的案例

這種案例，實在不勝枚舉。會計年度預算編列後，若支出要在不同的預算科目之間流轉，就得上簽呈。但後一年的預算，早在前一年初就編列，比較嚴謹的，會計連預算細目都得列出。這樣看似很有規劃的作法，百分之八十的工作早在前一年就底定。問題來了，人不是神，有些臨時性的支出，哪有可能前一年就預料得到？這些臨時狀況，因爲預算沒有編，所以就不處理嗎？（或許在依法行政優先考量下，有些狀況很名正言順的不被處理。）

於是，就出現緊急狀況但沒有預算可辦的情況。有一個很令人傷心的實例：二〇一六年四月，爲了即將上路的零安樂死政策，嘉義民雄收容所安排所內七十隻收容犬運到民間收容所收容。結果運送途中，疑似車廂空調失靈，造成四十七隻活生生的狗平白死在車內。事後檢討，原因是「將動物送交給領養單位一事非官方收容所的正常業務，預算非常難編。於是官方使用了不人道但是省錢的運送方式，將動物移交給民間」。不料，因爲運送方式不人道，導致了動物的大量死亡。

如果沒有預算，但公務部門要積極處理呢？就得想辦法挪用其他科目預算，於是就出現了林務局科長「詐領研討會補助款，原來是爲了救援野生動物」的新聞。即使每年度編列預算進行野生動物的救傷，但走私的保育類動物隨著國際貿易市場擴大，一次「查緝破獲」的數量幾千隻，編制內的收容中心考量年度預算就只這麼多，資源有限下不敢收，於是得送到民間單位，但每隻都得支付照養費。

如果依照行政採購流程的速度，等到照養費申請下來，有些走私運送過程中已經受傷的動物，早就回天乏術。

在生命不能等待的情況下，林務局科長只好用研討會掛人頭申報工資、出差費的方式來處理照養費，積極任事，卻違背了依法行政的原則。

不只好人不能做好事，能人異士要待在政府部門，也相當不容易。因爲政府用人完全依照「公務人員俸點支給報酬標準表」，管你有什麼特殊才能，就是學歷及職等決定了薪水多少。這樣的情況下，只有學士或專科學歷的專業人士，在俸額表下，能領的薪水不超過三萬，這樣的薪水很難留住眞正的人才。一般情況下，公部門主管是不會對這類人有特殊禮遇的（依法行政的原則），所以，人才不容易留在公部門。但若有心的主管想留人，有什麼辦法呢？就得找人頭戶報薪水，於是就出現了「研究員因心疼助理薪水低、工時長，於是詐領薪水讓助理加薪」的新聞。

人才留不住，錢財呢？也進不來。曾經聽過民間企業要捐助，希望用成立基金的方式來簡化行政流程，也讓後續捐款使用上較爲彈性。但是一想到捐款進來，還要呈報財政部、成立基金、多少比例要提撥國庫等等問題，就打了退堂鼓，希望捐款不要進來……

□

如果都要照著制度走，很多事情眞的會窒礙難行。本來應該是後勤單位的會計系統，卻拿繩子把前方作戰單位的腳都綁住了。

這種跟會計剪不斷、理還亂的案例多到不勝枚舉，若是孟姜女在世，一〇一大樓都被哭倒了。想像孟姜女告訴政府：「我老公在修築長城，可能在某一段坍塌之處被困住了，是否請政府派人去救援？」會計可能先問：「你老公是正職工友還是委外人員？如果是委外，合約中清楚敘明，由承包公司自行負責喔！我們沒有預算可以執行。」那如果是正職呢？「因這屬於特殊情況，我們先簽請鈞長同意動支預備金進行搜救工作。如果涉及土方坍塌的開挖，因爲總價金額超過一百萬，必須公開上網進行招標，等標期最短七天，ＯＫ嗎？」

採購制度約束的，到底是誰？

這可能是有點誇張、不過又不誇張的案例。實際上，一件超過一百萬的案子，從承辦人手中到上網公告招標、簽約、開始執行，至少也得歷經一至兩個月。如果不幸案子寫得不好，沒有廠商投標而流標，所有程序得再來一次，修改招標內容、重新公告、評審……又是兩個月過去了。

這是程序。講到精神的部分呢？如果這個案子流標，但又非做不可，是不是得開始尋找可能的廠商來投標呢？（俗稱邀標。）這很正常吧！但是壞就壞在，若遇到非常小心翼翼的主管，他會要求承辦人不能主動接觸廠商，即使接觸，也不能透露合約中的工作項目。好了，廠商不投標必然是因爲招標公告的某些工作項目窒礙難行，或者整體利潤偏低，如果不說清楚、講明白，要怎麼知道招標內容到底哪裡出了問題呢？

好不容易自我臆測做了一些修改，到了政風手裡，可能問你，爲什麼是修改這些內容，是廠商教你這樣改的嗎？照廠商的改，是不是圖利特定廠商呢？結果，退文，「回去逐條說明修改的理由」。來來回回、文來文往，沒有進度已經很沒成就感，更挫折的是，這些自我腦補下修改的項目，可能根本不是廠商不投標的因素所在。改了半天，一點用也沒有，照樣流標。於是，迴圈又再來一次。轉眼間，已從百花綻放到了落英繽紛。一年中的半年，就這樣過去了。

好，等到有廠商投標了，就是要辦評選會，從外面找來委員召開評選會，根據三十至六十分鐘的簡報內容及問答，就要選定得標者——未來一年要執行這個計畫的案主。有時我會想，這樣的評選風險會不會有點太大了?搞不好,案主只是講得一口好簡報而已呢?

□

聽說,公務員有兩大作爲:除弊與興利。本來應該是五五波的比重,現在爲了防弊,審計及檢調系統雙刀出鞘,讓公務員不敢興利。但是,碰到眞正有本事的官員,依然大弊除不了,小弊不間斷。

如果「海軍陸戰隊」是當兵抽籤的籤王,那麼「水利土木」就是公務界的籤王。記得在受訓時,土木及水利工程人員的同學很多,後來才聽說,實際進到單位內,待不下去的也不少,所以每年高普考工程類總有許多缺額。工程人員進到體制內,面臨的就是工程發包、監造及驗收,這些工作在技術面上都沒有問題,有問題的都不是技術層面,而是所謂人情世故最難應對。當某天早上來到辦公室坐下後,打開抽屜,發現裡面多了一些錢,是要裝作不知道?還是要大聲嚷嚷?在小地方,集體意識形成的氛圍是巨大的,菜鳥想獨立超然的做事,也得承受相當壓力。

在文官學院受訓時,就耳聞工程界有許多不能說的祕密,對於公務界的工程人員,「能全身而退,寧願沒工作,不要抓去關」是最高指導方針。因爲,過去的政治環境,地方工程被黑道壟斷的情況很普遍，曾聽前輩說，早期工程標要開標，爲了讓開標過程不致受到干擾，都得挑很隱蔽的場地舉辦。有時，甚至得請當地的警察機關來站崗。

這樣的背景下，審計系統及政風系統對於工程採購案，會發出一種「I'm watching you」的氣息。所以，工程人員在採購時，會採用最簡單的方式，使用行政院公共工程委員會（工程會）的定型契約稿，避免特殊規格及專利採購，降低被指控「圖利特定廠商」的風險。「最低價得標」是最不會出錯的，反正白紙黑字，誰的標價金額最低就得標，看起來最沒爭議。

但是，最低價得標表面省錢，後續卻可能延伸更大問題。於是，就發生行道樹種了一年就枝葉稀疏，或是故意栽植淺根性樹種，讓樹木在保固期之後死亡；或是在樹木養護時採用最省人工方式讓樹木斷頭，如果遇到颱風侵襲，樹木倒下也是剛好而已。

有些老練的廠商會抓準菜鳥公務員沒經驗，鑽合約的漏洞。更甚者，有些惡質廠商背後有強大的法律顧問，一開始就對合約仔細鑽研，找到疏漏之處便緊咬不放。屆時除了合約無法順利執行，還得不斷進出法庭，可憐的承辦人沒有專業律師的奧援，只能含著眼淚自己準備資料出庭。

曾聽過一個案例，某個高山型的山屋，因爲合約有瑕疵的文句：「以實際材料費計價」。工程公司注意到之後，低價承攬該工程，然後在監造單位沒留意的情況下，於雪季交通不便的一個月中不斷增加材料的吊掛量，造成光材料及吊掛費用就超出原本得標的價金一倍之多。工程公司於是向單位要求追加預算，但單位內根本沒有編列這樣的預算，拿不到錢的廠商，於是在竣工前的一個月停工。早已發布新聞稿，宣告山屋即將完成的管理單位，被迫宣布延期竣工，最後完工的日期，比原先預計的晚了一年多，並且完工後仍有後續的官司繼續進行著。

有這樣的案例，加上前輩的諄諄教誨，因此小小承辦人把百分之八十的精神都放在合約訂定的細節也不為過，至於合約計畫的本質是什麼？效益如何？常常都被遺忘了。過去小蝦米對抗大鯨魚的戲碼，好像描述的是小老百姓對抗國家大機器的情況，但是政府部門中，小公務員對抗大財團的戲碼也不少。

創新被守舊制度扼殺

政府分工頗細，採購契約擬定後，採購流程又由另外的人負責，採購專責人員對專業不清楚，於是便發生一些採購爭議。比方說，某些特殊規格的零件要採購會被嚴加檢視，因為這些零件可能只有特定廠商生產，因此價格偏高，就會被會計單位認爲是否圖利、是否報價過高等等。如果又遭遇料件有迫切需求時，採購程序往往讓業務承辦人像熱鍋上的螞蟻，雙方緊張關係一觸即發。

再者，有許多建築設計及工程設計，是沒辦法單純用價格高低來衡量的。涉及專業技術與設計創意性質的採購，如果像購買商品一般，以價格來作爲取捨標準，那就會失去許多工程創新的可能性。

談到工程創新被守舊制度扼殺的案例，有個令人傷心的故事。從小在鄉下長大的台灣發明家陳瑞文到台北工作後，感到城市柏油馬路在夏天造成的炙熱感，以及大雨時道路排水道滿溢，雨水無處宣泄的淹水窘況，於是突發奇想，模擬鄉間道路能排水及涵養水源的孔隙設計出「海綿道路」。這套道路系統稱爲ＪＷ工法：先在底層以砂石和碎石鋪底，再蓋上導水管，最後鋪上混凝土，並在地面留下導水孔，降雨時，先將雨水儲存在路面下，作爲周圍行道樹及公園綠地澆灌使用；天氣熱時，水分蒸發可降溫，減少都市熱島效應，就像一條「會呼吸的道路」。

包含美國、英國、中國等四十八個國家都跟陳瑞文買專利，請他與當地團隊合作，施作這條會呼吸的道路。然而，**台灣人發明的專利技術，台灣自己卻無法採用**。

原因是，ＪＷ工法是工程專利，新工法的造價偏高，加上需要付出的專利費用，就會無法在「最低價得標」的採購原則中勝出：即使ＪＷ工法鋪面較厚（四十公分，傳統柏油路面是五公分），路面維持性好，承載力在一般強度需求的路面也耐用，表面溫度可比柏油路面低攝氏二十度，但仍然很難被工程單位接受。

新北市副市長、同時身兼永續生態工法發展協會理事長的陳伸賢，一語道破新技術無法被採用的困境：「身為工程專家，他深知也高度肯定JW生態工法的好處，但因全面推廣將衝撞傳統道路施工方式及上下游產業，每一步都要走得很謹慎」。說白話一點，就是這樣的工法將會衝擊傳統道路施工的模式，萬一出問題很容易被檢討，一般的工程採購人員為了保險，還是寧願採用保守的傳統工法。另外，採用新工法，對於傳統道路工程廠商產生的影響，也是政府顧忌的。

針對專利工法的採購，工程會於二〇一五年十月十一日年提出解釋：「依採購法第二十六條規定，各機關辦理新台幣一百萬元以上之採購，應依功能或效益訂定招標文件，若有國際標準或國家標準者，應依其規定，且所擬定之技術規格在目的及效果上均不得限制競爭，如確有採用新發明之設計或工法之必要，於無法以精確之方式說明招標要求時，可在招標文件載明特定之商標或商名、專利、設計或形式、生產者或供應者，並允許廠商採用同等品」；辦理涉及不同工法之異質性採購，可一併考量各工法之差異，參酌最有利標評選辦法第五條，將「技術規格性能、施工方法、環境保護程度、耐久性、後續使用或維修成本等」，列為評分項目，採最有利標或評分及格最低標（俗稱兩段式開標）。

以上規定，似乎讓專利工法在這些方面如具有優勢，可增加得標機會。但實際上，即使將「技術規格性能、施工方法、環境保護程度、耐久性、後續使用或維修成本」等規格條件列爲評分項目作爲第一階段審標標準，大部分標案在第一階段能篩選出不及格廠商的比率還是偏低＊，最後還是等同所有廠商一起比價，最低價得標。

工程採用最低標的狀況，在地方政府很常見，有時是因爲計畫時程緊迫，採用最低價得標不用召開評選會議，節省招標程序；但也有承辦人因圖方便，並且採用最低價得標較無後續爭議，很「安全」。相對來說，有心要把事做好的工程承辦人想在標案內容中明示採用專利工法，必須冒著被會計質疑圖利特定廠商，或被其他廠商提出異議或投訴的風險。更嚴重的情況是，在施工及完工階段被檢舉，開始到檢調報到，工程被迫延宕……機關及各人都會承受相當大的壓力。除非對創新工法相當有熱忱的基層人員，否則，在現行制度下，眞的很難逆轉這樣的局面。

最後，爲了讓自己的發明能夠回饋台灣，陳瑞文放棄對台灣使用ＪＷ工法的公私部門收取專利

＊規格上的審標既要讓承辦人員立場站得住，又要讓被評為不合格的投標廠商無法提出異議或要求解釋，這十分不容易。

金；甚至主動行文新北市及台北市政府，聲明只要各項公共工程願意使用ＪＷ工法，他願放棄所有專利權的行使，這才使得台北市石牌路底出現了第一座採用ＪＷ工法施作的公共停車場。

□

好好的一項創新技術，經過這麼多的磨難，才能在台灣踏出第一步。但其實政府採購法早已在二〇一一年一月二十六日增列第五十二條第三項：「機關辦理公告金額以上之專業服務、技術服務或資訊服務者，得採不訂底價之最有利標。」明白揭示，各機關辦理與服務品質相關之勞務採購，請依據第五十二條第三項及個案實際情形擇適當決標方式，避免不當採用最低標，以維採購品質。

後來，李鴻源在內政部長任內，覺得「慣性採用最低標」這樣的問題很嚴重，便通令工程單位，改變過去習慣最低價得標的作法。不過，李鴻源提到，當公共工程執行率被當作指標，要求每年必須發包多少工程案時，造成公務員很大的標案撰寫壓力，不得不與廠商合作，請廠商提供資料。長期下來，與廠商形成一種共生關係，對要改變過去作法成爲一種阻力。

另外，如果沒有跟審計單位及檢、調單位溝通，這樣不同以往的標案辦理方式，很容易成爲箭靶，小小工程承辦人要能挺身而出採用對公眾有利的新技術，眞是困難重重。對此，李鴻源說，政務官應該有這樣的魄力，跟相關單位進行溝通，把基層推動最有利標的配套措施做好，才有辦法改變。然而，要改變既有習慣需要政務官持續的支持，否則，很容易又走回原路。可惜的是，台灣的政務官這幾年如跑馬燈，閃過就沒了。

防弊，只防了小弊

政府採購法下，採購有既定流程，十萬元以上的案子就要公開招標（特殊案件會指定廠商比價），目的只有一個：避免「圖利特定廠商」。公開招標的意思是，「人人有機會，個個沒把握」，所有的投標廠商要在評選會進行簡報，由評選委員打分數，綜合評分最高者取得議價資格，議價完成就得標。因爲採購評選委員名單是密件，到了評選會場才知道是誰，廠商想提前做手腳，也不知道該找誰。

照理說，這樣的方式，應該是「公平、公開、公正、客觀」，但俗話說得好，「有洞不鑽非台灣人」，無論再怎樣嚴謹的規範，總有疏漏之處，總有操作的空間。有些廠商在某些單位私下被稱爲「萬年廠商」，一來可能首長用慣了，配合良好，因此也不希望有其他人來攪局。有經驗的廠商投標前，會先打聽，是否有「內定的」。

老實說，如果廠商的品質良好，在行政一貫的考量下，讓御用廠商持續配合，對單位及承辦人都是好事。但有些時候，並不是做好事能得標，而是打好關係才能成爲「萬年廠商」。照理說，廠商在招標時才會出現，沒事不會出現。但萬年廠商有「駐點人員」，三不五時來關心一下科（課）長，有沒有新的案子要做。

他們比其他廠商更快得到訊息，準備時間充分是其一，但更重要的是，掌握評選會議的成績，才是重點。未達公告金額（十萬以上，一百萬元以下）的採購案，評選委員可由單位內部人士組成，這就容易操作了。只要上頭打點好，再依公務倫理交辦下來，掌握百分之五十的委員，幾乎就大勢底定。公告金額以上，未達查核金額（勞務採購一千萬以下；工程採購五千萬以下）以上的案子，評選委員多由外聘委員組成，照理說操作空間有限，但有辦法的人還是能操作。如何操作呢？等到弊案爆發，媒體就會告訴我們。那是充滿危險的。

□

至於鈞長如何把公務預算變成個人廣結善緣的資源呢？行政院增訂了預算法第六十二條之一之後，政府的政策宣導刊載於報章雜誌上都須加註「廣告」二字（詳見〈眞的有行政中立這件事嗎？〉）但這無礙政府對媒體的掌控，因爲業配廣告在新聞界也是不能說的祕密。

依據常理，官方跟同一家媒體買新聞廣告，照理說價格應該是一樣的，但事實就不是這樣：同一家報社來接洽的記者不同，價碼也會不同。後來才知道，這種廣告接單，對記者來說是外快的一部分，所以，「買」廣告就成了收買記者的重要管道。曾經有委辦公司不諳此道，找了不是鈞長配合的B記者下廣告，結果吃慣甜頭的A記者來到單位一哭二鬧三上訴後，爲了避免日後的困擾，鈞長下了一道內部規範：爾後買廣告的合作記者名單必須由鈞長指派。

很多時候，基層人員被挾持在媒體、民代及長官之間；長官考量的，是未來自己的位置，而透過媒體來經營形象、強化政績，是政治的常態。因此，政府編列的媒體行銷預算，出的是公家錢，做的是機關形象的美化。更甚者，媒體的力量，除了強化政府的施政宣導，還能夠作爲個人的形象塑造。漫漫仕途路上，若能有媒體推波助瀾，必要時抹黑一下競爭對手，是往上攀升的必殺武器之一。

公務資源豐富，大家都想分一杯羹。尤其是位階越高、收入越豐的，越容易吃一口，因爲集群結黨的第一步，就是把大家「call 進來、call 進來，統統 call 進來」。要培養感情，一起出國考察是方式之一。一個出國考察團，要決定成員有哪些人，是個大學問。這樣的公文，被壓在高層手中的時間通常不會短，因爲要先喬定領隊是誰；領隊喬定，才能決定哪些人隨團。這確保出團後務必是個和諧的狀態，藉由出訪，凝聚大家的向心力。

因公出國，費用都是政府買單，希望出國代表們能學習治理新知、技術交流及結交人脈，提升國際視野帶來政策創新。但，就我本身觀察到的，國內地方政府能夠在國際場合直接與各國代表應答如流的政府官員其實並不多。國際上交朋友是要持續聯繫，才能維持關係，若要達成有效的國際交流，重點應該放在外交人才的長期培養上，藉由各種會議及交流場合進行磨練；但若是把國際交流團當作是「把人 call 進來、維繫圈內關係」的媒介，可就畫錯重點了。

很好用的公務資源，還可以委託研究計畫案給自己的指導老師，甚至，研究的一部分，就是自己碩博班題目。曾經看過鈞長主持期末審查會，看到委研案計畫主持人（鈞長的指導老師）走進來，必恭必敬不敢怠慢。委託研究題目是否與政策擬定及經營管理相關？研究成果如何？好像就不是這麼重要了。

平心而論，公部門最不缺的，就是成堆堆在倉庫的研究報告書！招標、期中（末）審查、結案，只是一系列的程序。我們應該問，這些報告成果及建議事項，眞的被實際拿來應用在經營管理上了嗎？□

公務員某種程度上，就是政府資源的再分配者。政府資源來自人民的稅金，因此，如何運用資源需要相當謹慎，這也是審計制度嚴加控管預算使用方式的原因。不過，當審計制度以防弊爲出發點看待政府採購時，相對就會限縮預算使用的彈性。

我們將某些悖離人性的審判者稱爲「恐龍法官」，即便他是依據事實及法條做出的裁判，但因沉浸於文字的鑽研而忽略了社會的現實，就會做出令人譁然的判決。同樣的，審計也是採購的裁判，如何在既有採購制度及程序上，兼顧防弊及彈性，或許審計人員應該多一些與業務單位的直接溝通。

7 數字治國、責任外包

說眞的，我有點孤獨。
是因爲這樣的願景而來，沒錯。
然而，我看到的，是一堆數字的遊戲。期限、場次、人數、百分比。
要造成改變，起碼，要一段連續的過程，
而事實，只是許多單一的契約。
數字被凝視出火的契約。
驗收後成廢紙的契約。

令人抓狂的研考制度

政府傾全力防弊，防止公僕怠惰，於是許多的研考表格應運而生，以下是一位中央單位的朋友在二〇一四年中（六月底）做的小小統計：

來統計一下我這兩天要填的表

每月固定要填的網路系統兩個

每月為了各層級的管考會議要的附件四個

每月固定給主計的表一個

每季要給祕書室研考的附表附件六個……

一堆內部控制、成果效益分析、查證作業，從內政部、國發會、審計部、監察院到立法院……

另一位朋友說，一週五個工作天，可能要花兩天在塡表格。這不禁讓我想起「比例原則」這個常琅琅上口的名詞。我們對於防弊、防怠惰的設計，是否符合「比例原則」？有正常的公司會花兩元對員工進行健康檢查，結果這些員工只賺回三元嗎？更何況，如果基層有能力搞大弊案，那基層就不會是基層了。

《商業周刊》曾針對「研考制度」做過專題，其中一段的描述或許有些誇大，但亦相去不遠：「現在政府部門裡面，如果有十個公務員，大概只有兩個人在做事情，其他的人都在監督這兩個人事情做得好不好」。如果這兩個人提出新的想法，很可能被以「過去沒有這種作法」、「規定上有困難」、「那要怎麼量化績效」等意見打退。久了之後，這兩個人被瑣事纏身，也就忘了曾經的熱情是什麼了。

而這些績效管考的報表是否眞有效用，《商周》下的註解也很貼切：「績效指標的呈現只是告訴你我在做些什麼，但是不要問我做到了什麼。」每季固定塡寫的報表成爲一種儀式，但實質意義不大，公務員從中得不到成就感，更重要的，長官們也不見得會看。簡言之，目前的研考制度執行上，許多流於例行公事，並沒有發揮檢視施政成效的功能。那些「人次」、「場次」、「天數」、「件數」，讓基層人員越塡越無感，與眞實社會運作漸行漸遠。

行政績效的評核流於量化指標的數字競逐賽時，許多荒誕的場景都會發生。台灣公務員，最厲害的就是考試。記得有一次，某中央單位舉辦了「XX短片競賽」，許多縣市都製作了自己的政策宣傳短片掛在網站上。輸人不輸陣，各縣市發動員工拚點擊率，長官交代下來，大家有空就要上網看影片，提升點閱人次。

除了看影片，還要定時看其他縣市點擊率有多少。然後，承辦人提醒大家，整點要上到影片網頁按重新整理——變成一場瘋狂的F5重新整理大行動。中午吃飯休息後，發現某個縣市一小時內多了一萬多次的點閱率，下午開始，大家連手機都拿起來按重新整理；最後，在網上找到一個每五秒一次自動更新網頁的小軟體，請求軟體支援的聲音此起彼落，然後一個小時內，該中央單位的網路就癱瘓了……大家於是很開心再也不用進行這個無意義的動作了。

□ 回到研考制度的設計初衷，應該不只是追蹤進度，

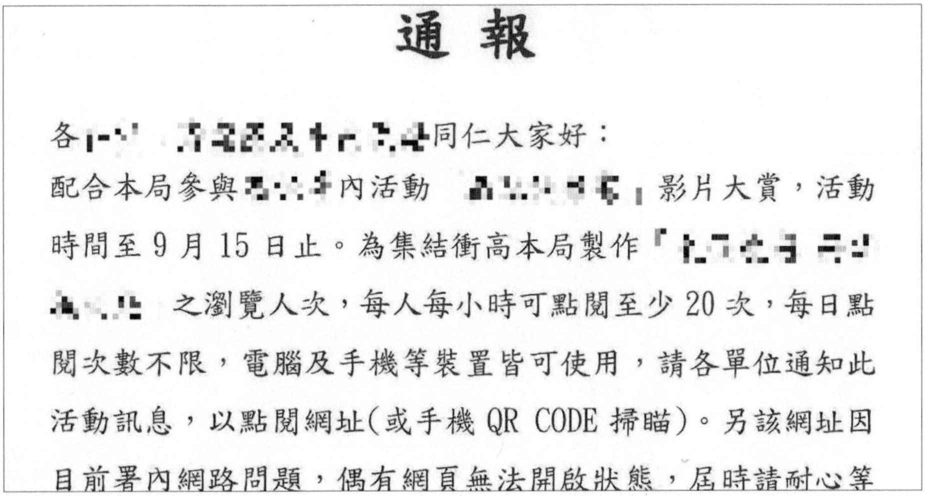
通報

各[redacted]同仁大家好：

配合本局參與[redacted]內活動 [redacted]影片大賞，活動時間至 9 月 15 日止。為集結衝高本局製作「[redacted]」之瀏覽人次，每人每小時可點閱至少 20 次，每日點閱次數不限，電腦及手機等裝置皆可使用，請各單位通知此活動訊息，以點閱網址(或手機 QR CODE 掃瞄)。另該網址因目前署內網路問題，偶有網頁無法開啟狀態，屆時請耐心等

圖片來源：作者提供

而是要解決問題。但是，當研考單位只是習慣性給表格、收表格，整理成冊後入庫存檔，長官也不見得有時間仔細看時，研考就變成一件令公務員討厭的事，同時浪費許多紙張而已。

即使制定出好的制度，也得執行得當才有用。政府與民間企業的最大差異，就是產能和效率很難計算。政府訂的績效指標，某部分的功能是讓行政首長在民代質詢時能有數據做回覆，當沒有一定的績效指標達成率，預算就可能遭到刪減時，績效指標就會下賊上之意而訂得寬鬆。這樣的情況，造成現行指標的訂定常可輕易達標。

根據《商周》一個針對政府KPI的專題指出，行政首長根本不會看這些指標，因爲沒有太大意義。即使訂了一堆量化指標，因爲指標項目太多，反而失去焦點。畢竟官位再大還是人，一天只有二十四小時，**要達到眞正的研考效果，應該要釐清關鍵領域，接著清楚定義出亮點項目，在這些項目上持續追蹤，才不會在一堆數據中眼花撩亂**。但台灣的現況是，很多的績效指標，但是會持續追蹤的沒幾個。

公務員以後都要去種樹

如果政府是個產業，那絕對是個廢紙的製造業，公務員就是生產線上的螺絲釘。為了有憑有據，過去每份公文都要留檔，推動公文電子化之後，有些比較不重要的公文可以直接電子陳核，減少了部分紙張的消耗。但是，為了確保自身安全，一份公文即使以電子陳核，在涉及核銷時，會計會要求提供整份文件影本，在歸檔時，小心的承辦人又要影印一份留存；契約書中的報告書，期中審查要印個五至十份，期中修正稿再五份；期末審查又再double，直到定稿，一份報告書兩、三百頁，共印了四、五十本，算算就是兩到三箱的Double A。

這些報告，其實不必要做到那麼厚一本，但不知為何，非得看到那個分量才能驗收。報告書裡頭有意義的內容，真正會作為施政參考的，恐怕只有一丁點。其他印在紙上的墨水，就是為了填充版面而產生的，而紙張本身，都在固定時間的水銷作業中，成為一堆堆的廢棄物。

有一次，在成堆成堆的廢紙陣間同事笑說，以後大家退休，都要去種樹！

圖片來源：作者提供

計畫的精神在哪裡？

在數字裡，靠數字說話就對了。數字就是廠商能否順利請款的唯一依據。如果讓廠商違約，造成要扣契約款項是很麻煩的，公務員不想多事，於是，輔導廠商怎麼達成那些數字，雙方都好辦事。

年底的績效查核、綜合管考，也是看數字，不看精神。我們被數字牽著走，卻也無可奈何。曾經聽過辦理工程採購的朋友表示，爲了讓中央訂出的預算執行達成率能達到百分之百，有時在還沒完工時就得撥款了，甚至廠商沒有請款，還要低聲下氣拜託廠商來請款，一切就爲了要達成預算執行率，而執行率達成與否，會影響年底考績。

這些數字研考，根深柢固地植入了公務員的文化基因中。有一次，來了新的科長，聽了各廠商的簡報，得到一堆場次、人次、執行率、達成率的數字之後，於是問了一句令大家深思的話。他說：「我知道大家都看數字，但是我想問，這些計畫的精神在哪裡？」一陣沉默後，由科內資深人員回答：「報告科長，這些計畫的精神就是沒有精神，做一件論一件。」看數字說話，比較清楚易懂。但是，發包的計畫是不是解決了施政上的問題？案與案間的整合性及連貫性？長期下來是否讓事情往前推進？關於這些，很少有人思考，也缺乏適當的評估工具。

聽媒體朋友說，二十年前的官員，在記者眼中是專業性頗高的，他們對法條熟稔，心中也清楚業務推動的藍圖，看到目前法規不足的地方，會提前進行研究及調查，然後開始規劃修法的進程，所以對於計畫的銜接是很重視的。或許在那個年代，各種績效管考、人民陳情、立委（議員）關切的瑣事沒那麼多，所以官員有較多的空間能夠思考整體性的規劃。現在，太多旁枝末節的行政程序，讓公務員分身乏術。套句朋友說的：「現在官員手上一半的工作沒去做，好像也不會怎麼樣」。

會造成公務員對於工作願景消失的現象，一方面跟研考制度僅在乎量化數據的呈現，看不到專業內涵有關；另一方面，各式的案子實在太多，要檢視計畫執行狀況的依據，也就只有看數據了。然而，那些執行過程的細節、態度、精神，都不是容易被量化的東西。但是，偏偏「魔鬼總在細節裡」，一般的公司，要求的生產管理、人資管理的那一套，都是要求細節中的落實。能不能從A變成A＋，看的也是細節中的求變。但這在公門，有點天方夜譚了。身在龐大的體制中，大家罵歸罵，但對於體制的改變不敢想像。於是，從人民的僕人變成數字的僕人。

不連續的點狀施政

我們的政府，眞的很愛「量化」遊戲。跟數字相關的政策口號不勝枚舉，二〇〇二年行政院喊出觀光倍增計畫、馬總統二〇〇八年提出的六三三（經濟成長百分之六、國民所得三萬美元、失業率降至百分之三）、楊秋興在二〇一四競選高雄市長時提出的「二〇、三二、一〇一」（二十萬個就業機會、二十二K往上提升至三十二K、家戶年度可支配所得可達新台幣一百零一萬元以上）等等，不論是政客還是官員，都相當喜歡以數字作爲績效指標。

但有些事情就是無法量化，只能夠一步一步、一個一個、慢慢來。特別是在量化遊戲中，很容易會忽略藏在細節裡的魔鬼。可怕的是，因爲訂了這些數據，執行單位被迫去追逐指標，被要求在短期內能達標。衆多指標內，大都是投入型指標，要求每年有多少預算得被執行，或是得輔導多少單位。於是，原本應該要重點投入資源的地方，卻在數字指標的考量下（通常指標會要求：至少輔導〇〇個社區），只能平均分配到稀少的資源，對於地方來說，根本無濟於事。

有一陣子在「農田不種稻子種房子」的議題發酵下，行政院推出「新世代農業工作者培育策略」，要讓年輕世代重新回到農村。當時喊出六年內將投入三十三億元，扶植一萬八千名四十五歲以下「新世代農業工作者」，運用新科技務農，再搭配電子商務行銷，六年至少要催生五百五十位年薪破百萬的「富農」。看起來，是個大方向正確的政策，在氣候變遷的未來，糧食自給率已經不是農業問題，而是國安議題，我們需要更多人回到農村接棒。

但《自由時報》一位Lin bay針對這個政策投稿，「仔細計算下，六年三十三億，一年也五億五千萬，六年一萬八千名，一年就要三千名，五億五千萬除以三千名，平均一個人拿到十八萬三千三百元的補助，拿到這些補助，這些人就有一部分的比例可以變成百萬富農，這些的推估實在是太過奇妙了！」回到現實面，有心務農的年輕人一開始對於農業可能是陌生的，如果沒有面談，一對一安排到農場實習，並且計畫性經營規劃、技術導入、貸款協助和銷售媒合等，一系列有步驟性的輔導，如何能達成這個目標呢？回過頭來看，目前主要負責輔導的農改場，有這麼多的專業導師能投入每年三千位新農民的輔導嗎？如果沒有，喊出這樣的數字政策，是要逼死誰？量化指標帶來的，不只讓輔導單位疲於奔命，還可能讓懷抱理想的新農民，在飽受挫折、尋求協助無門的情況下，背負債務黯然離開農村。

曾經擔任過公務員，後來進入學界，投入生態社區營造的陳美惠老師指出，在這麼多年投入社區營造的過程中，公部門的持續支持很重要。社區發展初期，理念性的東西不容易說服，必須有實質資源的導入，這時候公部門的資源就能提供開始的誘因。但社區要長期發展，必須要培養出自己的能力。人力培訓便是關鍵，如何讓社區從無到有，社造輔導員能否長期投入，會直接影響社區的信心。

但是目前政府對社區營造的想像，常是停留在「補助」的階段。比方說，要推動低碳社區，就去補助雨水回收撲滿、補助屋頂太陽能板；要推動農村再生，就補助綠美化、牆面彩繪；要推動一鄉一特色，就補助特色農產行銷、選拔XX公主。但是，錢丟下去後就不管了，設備幾年後損壞了沒錢維修，植栽沒有補助也沒人繼續照顧，牆面彩繪及農產行銷，則是每個地方都很雷同。此外，對於社區來說，政府的補助每年得重新申請，今年有，明年不見得有，充滿了不確定性。

有一句古諺：「給他魚吃，不如教他釣魚」，但是要教會釣魚需要投入比較長的時間，給魚吃比較快，而且地方有時候也希望直接有魚吃（只是這些魚常常是少數人在吃），所以政府也樂得給魚吃。政府資源投入了，也創造漂亮的短期施政績效，然而，這些績效像是煙火般絢麗，卻無法長久。因爲，**社區營造的關鍵，是「人」，而政府沒有協助地方培養社區發展核心需求的人力資源。**

爲何政府寧願直接補助硬體及活動？因爲，這樣的資源投入能夠具象評估，然而，人才、眞誠及信心，卻是無法量化的。無法量化的東西，在公部門研考指標中無法被呈現；另外是，大家著重在書面的作業，對於長期發展願景的想像是貧乏的。政府的計畫，因此常流於一次性的活動（例如放煙火、路跑、園遊會、淨灘等），但對於長期發展須投入的眞心及執行品質，對於公務員來說實在很難，因爲眞心及品質無法計算啊！

另一個眞心無法給的原因，是因爲人事流動的速度遠大於政策推動的速度。長官不停換，不只眞心，連過去存在的忠誠度都不見了。大家忙著揣摩新長官的心理，偏偏許多長官之間又你不服我、我不服你，一上任就把前任的政策推翻，或是轉變方向，造成施政的不連貫。久了，承辦人不只對長官沒有忠誠，也對施政沒有眞心了。上面換了位置，下面也換了腦袋。

□

我常常想，政府之所以要創造許多複雜但空洞的管考報表，會不會背後有個根本原因：要創造一些事情來讓大家做。就像在當兵時，同梯時常抱怨一天到晚在掃地，「但樹葉就根本沒那麼多啊！」後來，快退伍時，連長才中肯的說：「如果沒有找一些事讓大家做，閒閒的阿兵哥，很容易生事端啊！」

原來，掃地是一種管理手段，讓大家不要太閒。那麼，政府中塡不完的管考報表，是不是也有同樣的意義呢？不要讓公務員太閒，所以公務員就忙於處理這些瑣事，政府就有正當的理由去模糊那些眞正棘手的結構性問題。例如：三不五時就調查公務人員的工作環境滿意度，卻無法推動勞退年金制度改革；要求政府機關塡報每日用水量報表，卻不處理上游水土保持及水資源分配的問題；發包了許多防災、地質監測研究案，卻無法處理災害風險區的非法民宿；不斷進行下游的食品抽樣檢測，卻漠視特定農業區中農田與工廠共存的現象。

公務員做了許多辛苦的規劃研究、報告報表，但時常就停在規劃階段，就算有推動，也七零八落，點到爲止。會議開完，如果結論沒被列管，可能就被漸漸淡忘；久了，也就習慣議而不決、決而不動的施政模式，報告做出來，好像工作就完成了。

郝明義在《如果台灣的四周是海洋》一書中提到：「現在的行政體系已是一個崩解的狀態，政府沒有思考也沒法堅持國家重要的戰略；重大決策，沒有人追蹤執行；計畫沒有整合，數量很多的子計畫，實際上支離破碎；上級單位沒有人關心整體如何執行，下級單位則急於搶食預算。」眞是寫到心坎裡！

不如歸去？邱銘源眼中的政府

看著許多資源彷彿投向大海的石子，淹沒在看不見的浪濤洶湧中，真是痛苦的事。有時會想，這麼難做，乾脆回到民間試試看好了。

有位朋友真的這麼做了。二〇〇七年，四十歲的邱銘源從任職了十五年國道工程局離開，展開了將生態保育結合農村復興的在地行動。從二〇〇八至二〇一五年期間，他與台灣生態工法基金會為了協助八煙濕地及清水濕地的轉型，跟政府有許多觀念及實務上的交流及往來互動，曾經是公務員的他，怎麼看目前政府的運作呢？

邱銘源談到，目前社區生態營造工作，通常是在地有志之士先行動，公部門看到有亮點，就會把資源放進來。八煙水梯田復耕的工作之始，完全是憑藉基金會投入資源，後來林務局看到初步成果，並認同他們的理念，才開始有一些補助款進來。國家公園初期則是反對他們在八煙的農村復興行動，認為保護區生態要放任自然演替，後來看到在地社群的投入後，態度才慢慢轉變。

清水濕地的過程也很類似，一開始是基金會協助筊白筍農朝生態耕作的方向轉型，當時面積只有小小的三分地，後來，二〇一四年底西伯利亞的小白鶴意外造訪，引起媒體關注，才讓新北市政府開始關注清水濕地的發展，逐漸擴大轉型的耕地面積。政府施政常常得顧及各方資源平均分配，平均分配的結果，每個團體所獲得的資源有限，真正要做事的團體，得到處向不同部門申請補助，政府補助案又有一定的規則及核銷程序得遵循，到後來，要嘛放棄不做，要嘛乾脆自己想辦法募資。有些社區則是獲得資源但缺乏人才執行，只能把錢不斷投入在硬體建設上。但要真正做到地區特色的差異化，「人」才是關鍵因素，沒有核心人物看到發展的大方向，去凝聚社區的共識，那政府投入資源只會不斷的被消耗，看不到累積。

政府資源像空投一般隨機散布的結果，就是真正需要資源的多頭馬車到處找錢，不需要的則錢不知多到往哪花。政府補助承辦人也希望社區在既定模式下去做，反而有一些實驗性的發展方向很難獲得政府青睞。簡單說，政府不敢做夢，連帶的讓想做夢的團體也不能做夢了。

邱銘源認為，要發展地方特色，得先找敢做夢的團隊進入。不管這個夢會不會成功，但至少要先嘗試過，才可能帶出後續能量。不管成功與否，這些實驗階段的經驗都會累積，成為往後社區發展的基礎。以生態工法基金會推動八煙及清水濕地的經驗為例，在八煙推動的工作初期，花了很多時間與在地社群溝通及資源媒合，並且受到很多無法預期的挫折，但帶著這樣的經驗，在清水濕地推動農業轉型的過程就更能掌握其中的「眉角」。**可惜的是，現行政府委託計畫常常是點到為止，很難給予社區長期發展的信心，如果不是一個面狀的整合，很難解決關鍵問題。**因此，邱銘源也花了很多力氣在與政府溝通，以清水濕地來說，一開始轉型的田區只有零點五公頃，然而要更多農民投入轉型，就得給他們通路上的協助，否則，使用好的耕作方式，卻乏人問津的話，很快就放棄了。

新北市過去推動食農教育，每週要供給一天的有機午餐，過去要供應學校這麼多的有機食材，新北市本身生產的量不夠，還得從外縣市採購。看到這點，生態工法基金會跟農業局談，是否能保價收購清水濕地友善耕作產出的有機米，一年一公頃只要二十萬元（農民用慣行農法的獲利約是每公頃十三萬），十公頃也不過二百萬元，但卻能夠帶動整個清水濕地朝友善環境的方向前進。過去，清水濕地的主管單位是水利局，在濕地法的範疇中，水利局並沒有提供農業補貼的權責；但農業局加入後，讓友善農產的通路端問題得以解決，而教育局的食農教育也能取得在地食材，這就是跨領域整合在社區發展上的必要性。

都交給評審委員就好了

政府採購制度中，設計了評審委員制度。爲了規避圖利的可能，各單位在採購案發包時，將決定權都給了評審委員。然而，有些領域是非常專門的，找來的評審委員，平時根本對該領域沒有涉獵，只好憑著個人「經驗」做判斷。曾經有位評審委員說：他到會場，看評審委員有哪些人，就大概知道哪家廠商會得標。

就這樣，評審委員除了決定案子獎落誰家，期中審查、期末審查也得根據他們的意見，請廠商做修正。但委員只是來個兩小時開會，認眞的委員，可能在前幾天看過整個計畫的推動成果報告；不認眞的，在開會當天的高鐵上才第一次「認識」這個案子，卻在會議場上大放厥詞，有時候發表的言論與現實脫鉤的程度，眞的很令人傻眼。

因爲必須有審查委員的審查同意簽名，案子才能順利結案、請款，因此委員的意見當然很重要。不過，實際執行案子的承辦單位，以及發包案子的政府承辦人及主管，理當才是對計畫內容最清楚、最知道眉角所在、最理解細節上該如何操作才能達到最佳執行成效、最應該對整個案子負責的人。然而，因爲有委員背書，整個責任轉到審查委員身上，有時候計畫主辦單位的意見反而不是那麼重要了。

總之，承辦人只要把整個計畫依據時程好好執行完，能讓委員簽名蓋章，能夠讓案子順利結案，才是最重要的事。本來應該是輔助案件進行的行政工作，卻變得跟計畫內涵同等重要了，甚至，可能在某些承辦人心中，計畫執行的內涵是其次，計畫契約有沒有依期程執行，該辦的場次、人數有沒有符合，廠商有沒有違約，反倒是更重要的。

不只有萬能承辦，還有萬能委辦

有一次《商周》做了一個公務專題，其中一篇專題文章是〈三十二歲小公務員：我½上班時間在填表格〉，內容說中央從上到下對於管考非常著迷，不同部會間有許多類似的月報表、季報表要填，小公務員許多時間花在填報表上，甚至，有些應該是政策階層該負責的中長程施政計畫也要基層承辦人寫，從上面交辦下來，一層一層，到了小承辦手中只剩兩三天時間可做。如果計畫及管考如此重要，那麼小承辦人填寫的東西，到了上頭有人會看嗎？答案是，當時訪問到的內政部長李鴻源及交通部長葉匡時都說：根本沒看過。小承辦人花了年輕生命填寫這些東西，最後只是廢紙一疊，放火一燒灰飛煙滅。

這是小承辦人的苦。這篇文章應該引起很多公務員的共鳴，不過，引起我更大興趣的，是某篇私人部落格上回應的文章〈二X歲上班族的告白，我½上班時間都在幫公務員們填表格〉。政府的辦公室中，除了正式人員、約聘僱人員，還會有駐點人員。駐點人員，就是承接政府計畫的委辦公司派駐在政府部門協助計畫運作的人員。這篇文章的作者，就是駐點人員，而他的工作，除了計畫本身之外，還要幫公務員們填報表。文章裡說：「不要以爲只有公務員要填表格，填得最多的絕對是承接計畫的委辦單位……這些表格什麼時候要回覆呢？三天、兩天、一天，都不是，是今天五點半下班前！」

其實各政府部門對委辦公司的定位都不同，各承辦人對駐點人員的態度也不同。有些政府承辦會把自己該做的都先做，委辦公司只是負責計畫本身內容；但也有些承辦將駐點人員當成了使命必達的小叮噹。過去，政府計畫並沒有那麼多的委外辦理，不知道是哪個時間點過後，承辦人只剩下委託發包的功能。比方說，過去的工程承辦人，從寫計畫書、畫設計圖、材料規格、現場監工、完工驗收等等，樣樣都能來。但是，現在的工程承辦人，能將工程一手完成的，可能很少了。委外辦理這樣的模式，長期來說，會讓承辦人能力逐漸退化，因爲除了行政流程及專案管理外，對於計畫內容本身可能還沒有委辦公司人員來得了解。

因此，業務報告的投影片是駐點人員做，研討會報告的投影片是委辦公司做，開會時帶著委辦公司人員，即使不能進入會場，也要在會場外standby，以便隨時提供臨時需要的資料。最令人訝異的是，所謂長官們的出國考察報告，常常是委辦公司代勞，長官本身可能連自己的出國報告都沒看過。委辦公司畢竟不是政府人員，出國考察應該學習的國外技術新知及治理模式，應該要存在政府官員的腦袋裡，期望有一天會被搬出來用，跟施政能有連結的。但是，如果連出國報告都有人代寫，實在令人懷疑這些出國學習到的新觀念會否有出鬧的一天。

煙火般絢麗，燒完就沒的活動

政府被詬病的是，總花大錢來辦活動。這幾年，環保意識抬頭，像是放煙火、鮪魚季這類燒錢又消耗自然資源的活動開始被檢討，政府單爲順應民意，開始辦一些不插電音樂會、淨灘活動等感覺較爲環保的活動。柯文哲剛上任時說，他討厭一次性的煙火活動，的確，公部門很多活動就像煙火一樣，錢燒了就沒了。

環境教育法通過後，包含中央及地方政府每年都多了一筆環境教育基金，非常好用，一年有上千萬可以拿來辦活動。上千萬，對於許多以生態環境爲主題創業的年輕人及有意發展生態旅遊的社區來說，是一筆天文數字。然而，比較有提案及文案撰寫能力的社區一年能申請到的補助金額，大概就十萬元以下。而一場場面風光的宣導活動，外包給公關公司來辦，隨隨便便也超過千萬。

公關公司在辦活動，基本上，找的場地一定尊榮，舞台效果好，長官上台時還有鎂光燈投射，並且安排聲音甜美、面貌姣好的司儀，眞是做足了面子。但是裡子上，可能跟在地社區關聯不大，不只宣導的內容在地居民無感，錢還都給公關公司賺走了。被動員來捧場的社團成員，每人領到一個便當後，各自回家，被問到今天參加的活動如何，就「很熱鬧、人很多」，再問下去，也講不出來活動到底要宣導什麼。

大有爲的政府，應該要想辦法把預算變成保值的黃金，但是，我們的政府卻常把預算變成瞬間的煙火。龐大的活動經費，如果能務實地與在地特色、產業轉型、社區發展等能量結合，長久累積下來會成爲一股強大助力，也能讓人民看得到政府澆灌的願景。

但很可惜，政府人員常常都不知道在地需要什麼，在辦公室裡審查活動規劃書時，沒人可問，就用自己的想法去調整。參訪行程？就找幾個耳熟能詳的社區；公民參與活動？就找固定配合的團體，動員志工把場面充熱鬧；亦有長官找來自己的老師做表演，每年都規劃笛聲揚韻的音樂會，本來應該以生態保育為目標的國家公園，畫龍點睛一番後，彷彿藝術國家公園。

活動目標——人多就好？

其實，辦活動也可以是個產業；亞洲要辦金融會議，就會想到香港；要辦工商會展，則想到新加坡。台灣在近幾年才開始著手會展產業的發展，包含國際花卉博覽會、觀光博覽會、遊艇展等等，這些都屬於大型會展，從中能獲得產業發展的收益，但除了特定族群收益之外，並沒有產生在地連結的效果。

觀察近年辦的大型會展中，雲林農業博覽會是與在地連結較強的，透過農博，許多在地社團都投入其中，除了在地人，也有許多外地的年輕族群紛紛投入籌備過程。從展場設計、專刊報導、裝置藝術創作、解說服務的過程中，了解過去農業歷史及現代農業發展的樣貌，參與的工作人員在會場、在線上、在各種場合交換彼此對農業及農村的看法。在地人則找回大家共同的記憶，成為展場之外最動人的部分。然而，像農業博覽會這樣的大型會展，可能是空前，也絕後了。在台灣由官方主導的會展，能與在地社群連結，且能夠連年舉辦的，大概也只有宜蘭綠色博覽會。

過去，年底時政府活動就特別多，聽說是因為預算沒用完，而辦活動花得最快。但我們很少在意活動的目標到底是什麼，比方說，如果是產業展，應該是要讓廠商能夠推廣產品，但是公部門辦活動有種奇怪現象，像是為了怕圖利廠商，設攤攤位可能會被要求不能在會場進行營利行為。然而，如果辦的是農民市集，結果農民只能拿產品展示，而不能銷售，那農民還會想來嗎？另外，台灣目前新興的社會企業，在創業初期非常需要與各方交流，但官方辦活動的習性往往尋求固定合作的業者，這些新創公司只能自尋門路。

另外，政府辦活動喜歡找行銷顧問公司，這種公司辦活動有固定形式，舞台、音響、周邊布置、流程規劃是他們的強項，會讓整個活動熱熱鬧鬧，長官倍感溫馨。但是，問到活動目標，就略顯不清晰了。相對的，以民間主辦的活動，雖然預算沒那麼高，場面沒那麼盛大，但可以感受到在規劃過程中，對於活動目標掌握是很明確的。

以台南後壁的土溝農村美術館為例，它的設計概念就是以農村實際生活作為美感的展現，所以有別於一般美術館的印象，許多展場都是戶外的，融入在地農作物的節氣彩繪、早期慶典風情、農機具展示、小電影院、人力勞動的流動感，沒有很華麗的硬體設施，卻韻味十足。

又如每年固定在關渡自然公園舉辦的「台北國際賞鳥博覽會」，因為每年水鳥冬季遷徙至此，也聚集了許多國際愛鳥人士聞風而來。到了這裡，除了賞鳥，更成爲生態團體間交換各國保育訊息的交流站，成了學術研究者、保育人士、賞鳥人、親子團每年固定排進行事曆的大型聚會。重要的是，這個博覽會收入來自門票及攤位租金，整體營運能自給自足，除了活動目標明確，也擺脫活動就是要燒錢的印象。

高雄的美濃田園音樂會則是另一個成功案例，結合地景藝術、農村文化、樂團表演、農事體驗、生態旅遊。另外帶點社會運動的元素，每年年初就由消費者認股的白玉蘿蔔，不論收成好壞都有保證收購，爲農民打了強心針；同時也吸引認股者在收成季節一定要到美濃來拔蘿蔔，音樂節前後還有黃蝶季及毛豆節等活動。天氣轉涼、舒爽的秋季成爲美濃青年返鄉幫忙，老人家最開心的時節。

□

近幾年看到能夠擺脫傳統形式的活動，多半都是由民間社團主辦，政府補助的模式（有些團體爲了掌握活動規劃的自主性，會謝絕政府補助），這樣的方式，除了能夠提供在地社團經營的動能，也讓活動有更多樣化的展現方式。更重要的，有豐沛的在地元素融入其中，讓活動不只是「一場次」，而成爲連續的社區營造過程。這樣的活動，才能眞正帶動地方，吸引觀光，成爲有意義、具目標性的活動；也只有如此，才能累積經驗，培育社區規劃人才，成爲地方特色。

我們喜歡去日本的部分原因，不就是因爲各地方都有不同的祭典、市集及在地味道嗎？台灣辦活動，應該擺脫人潮、熱鬧就是「活動圓滿成功」的思維，我們要找出屬於地方的特色，更細緻地思考活動的內涵是什麼。

8 臨時工般的長官，流水般的政策

曾經熱血，滄海桑田

曾經對於公部門心灰意冷打算不如求去時，遇到了一位長官，他說：「在政府，能做的時候就盡量做，不能做時，就找別的事情做」。讓我想起，在剛當公務員時，也曾聽過類似的話。那時處內經過二十多年的時光，許多草創時期的人員都已進入工作人生的尾端，也失去管處成立初期的衝勁。當時在玉山服務二十五年的陳隆陞處長，很想再一次凝聚大家的向心力，於是讓管理處報名一項國際競賽，希望匯集大家的力量來做這麼一件事，讓大家一起完成具榮譽感的一項任務。

這項競賽是票選世界的新七大奇景，前後共有三個階段，台灣玉山在前面兩個階段四百多個景點中脫穎而出，進入決選的二十八名。進到管理處時，剛好在衝刺決選的階段。那時，因為是新人，處長覺得年輕人創意多，就把這個競賽的任務賦予在我與另一位新人同事身上。

初入公門的我們，許多觀念還是很菜，對於行政系統也不熟悉，沒有太多預設的自我限制，因此在宣傳上產生了很多天馬行空的想法，加上管處儲藏了許多經典的照片，志工們也不吝提出自己的作品，於是我們自己寫腳本、自己挑照片、自己剪接及配樂，推出了「玉山在你家——愛玉行動」的宣傳短片。

回頭想想，如果不是初入公門，很多想法可能在一開始就覺得窒礙難行而放棄了，比方說：「啊，沒有編列短片的預算」、「時間太趕了，還要招標來不及」、「照片取得還要談智慧財產權，很麻煩」……於是，可能玉山還是玉山，不動如山。

當時處內還有一位對於生命充滿熱情的登山家江秀眞，一年兩百場，到各個學校分享攀登世界五大洲、七座八千公尺高山的生命經驗，同時鼓勵年輕人要勇於追求自己的夢想。我能夠隨著他去學校宣導「愛玉行動」，看到了學子對於攀登玉山的嚮往。後來也推出黑熊、帝雉、獼猴代言的「追殺比爾」票投玉山動畫三部曲，並且透過捷運、台鐵和客運等燈箱及跑馬燈系統放送，甚至還有老師主動在台大校友會館召開記者會，最後一週則有Yahoo!首頁及華視新聞等主動協助宣傳，想起來算是公務人生中很特別的一段經驗。

回想當時，參與者一頭熱血，但處內同時存在另一股聲音：沒事找事做。這是初進公務系統時的衝擊。

壯志未酬先撞牆的案例

公務界流傳一句話：「沒有永遠的承辦」。有時，人事的調動真讓人摸不著頭緒，往往業務在剛要上軌道之時，就得收拾紙箱準備交接。有一年在做原住民社區伙伴經營的工作，當時園區周邊的部落田區擁有來自玉山山系拉庫拉庫溪流下的灌溉水源，相當潔淨；但是每到三、四月之後，便不時飄來奇異的味道，仔細看是有人背著藥罐，在田間噴灑農藥。

當下只覺得好可惜，一片位於峽谷平原，三十多公頃的稻田，冬末春初翻耕時綠肥油菜花一片黃，夏天時稻浪綿延多麼動人；來自秀姑巒溪支流拉庫拉庫溪水流的清澈磨石聲，清晨時還有黃尾鴝擺著尾巴在田間石埂上跳躍，非常舒服氣場良好的地方，但農藥的味道卻讓空氣充滿與環境不協調的物質。當時的處長想，如果能讓這塊玉山腳下第一畝田開始轉型朝向生態農法前進，對當地的部落、生物、環境甚至來訪的遊人，都會是很好的事情。

這個概念提出時，我正在執行另一個「有機文化生態產業計畫」，與這個玉山第一畝田轉型的構想關聯性很高，於是便著手撰寫規劃書。一開始想的是，如果沒有誘因，很難讓已經從事農藥控制的慣行農法許久的農人們改變作法，加上從事生態耕作的頭幾年，必然會面臨農作減產的問題。如果沒有對應的補償措施，單以環境友善的理念要農民轉作，會非常困難。

部落知道轉型是對土地、對族人健康都有幫助的，但礙於經濟現實，很難承受轉型初期的產量損失。所以，必須想出一個補償方案，從農產的成本分析、減產的損失到後續的通路都要進行考量，因此，透過與當地生產者及產銷班的討論後，訂出一個補償方案。但畢竟三十公頃的農作補償，要公部門編列經費是艱難的任務，何況我們並非農政單位。

於是，處長把腦筋動到一向跟玉山關係緊密的銀行業身上，由我把企劃書完備，做了成本分析及效益評估表，除了希望對方以高於市價的保證收購方式，協助農友度過最初幾年的轉型期，並且更重要的，是評估參與補助方案對於企業形象及員工向心力提升的附加價值。那是我第一次踏入銀行高階經理人的辦公室，潔淨無瑕的紅毯及展示櫃裡金光閃閃的雕飾，都相當懾人，對於地方機關承辦人來說，眞是很難得的經驗。

然而，北上做的第一次簡報，其實並不是很順利，金融界要跨足農業領域，對農事生產的不熟悉加上贊助的部落位處偏遠，的確會有諸多考量。因此，對方表達「再評估」。然而，幾個月後，事情有了轉機，銀行由行銷部經理主動表達意願，想談接下來更具體的合作方式，包含如何收購、品牌、通路甚至員工參與農事體驗的方式等等，眞是很令人振奮的消息！銀行的加入對農友最擔心的收購問題，是一大強心針。

但誰知道，合作有望的消息傳來一週之後，我接到派令，要把我調離現職。只能匆促的把當初的規劃方案，包含成本分析、收購方式及效益評估的細節都趕緊交接完後，打包搬家。半年後，透過同事知道這個案子成了，並且銀行還有許多員工來到部落參與收割體驗。品牌的名字，是當初離開後在線上與同事討論出來的，以部落語言命名的「玉山瓦拉米」。好像，我也與有榮焉，但其實，離開工作崗位後，也沒有時間及資源能夠去關心這件事了。對於個人來說，是換個工作罷了，但對於部落社區，不斷更換承辦人員成爲一種常態時，如何相信政府是有心經營呢？

而我，只是小小承辦人，職務異動的影響還不那麼大。到了地方政府後，發覺一級主管的更動有如流水一般，基層人員隱隱都有不知什麼時候又會換主管的心態。

有堅持卻留不住

在市政府期間，曾經接觸過充滿公僕責任的長官。當時剛由玉山轉調而來，對公門工作已覺了無生趣。不過這時有位長官處事明快，並且對於好的政策是否能被落實很是在乎，記得我剛到時，他對我說：「政府的動摩擦力很大，靜摩擦力很小。要產生改變，一開始最難，但一旦啓動了，便容易往前推。」我開始觀察這位長官是否言行一致，又，如何在這十分僵化的制度中啓動改變？我想到玉山老處長曾說的話：「當基層時，很想往上爬，以爲到了那個位置就能有所發揮。但眞正坐到那個位置時，又發現自己想做的，下面不見得願意配合，也很難做……」

回過頭來，每個人心中都有自己的想法，尤其是中階主管，在公部門已打滾多時，從底層一路掙扎過來，早已看淡一切；有些公務員對政府沒有期待，轉而將心思放在業外志業及興趣上。公務員當越久，離退休越近，越不可能做些大破大立、讓自己身陷風險的事情。老公務員的施政原則越來越清楚：「依法行政、全身而退」。

這位相當有理想的長官，很希望推動一些較具前瞻性、具永續發展潛力的業務方向。然而，因為前瞻性的議題多半是公務員不熟悉的領域，所以一開始就可能遭到心理上的抗拒（政府中，常常聽到的一句話是：之前沒有這樣辦過）；再加上制度本身的緊箍咒，很多事情必須要各方疏通，於是常常聽到他打電話找採購部門、找會計、找法制祕書上去討論可能性。當確定行政作業上能夠突破，並且有法可循時，再找業務科去談，這時候方法都已經想好了，如果中階主管要推辭，可能不容易，就只能硬著頭皮去做了！

許多市政項目並非單一部門可以做的，比方說談到碳資產管理、水資源管理等等，必須要很多部門通力合作。但談到低碳城市、韌性城市、海綿城市等概念較新的議題時，大家都很陌生，必須要透過很多的資料蒐集及開會溝通後，才能凝聚出一些在既有業務範疇下能夠優先推動的工作。但這種長遠性的工作通常無利可圖，因此民代不關心；又因為太前瞻，民眾搞不懂，也不認為與自身相關。談到跨域合作，各部門也秉持多一事不如少一事的態度，最好沾到點邊，能夠交代就好。

於是，這種新時代的議題，如果沒有長官持續堅持，很可能辦個一兩年就放水流，業務移轉加上人事異動，兩年後又是新的一批人重頭開始的狀況。然而，這些議題都是需要持續累積才能產生改變能量的，如果總是不斷歸零重頭開始，那麼二十年後依然沒有太大的改變。

就像台灣的水利工程，在二十年前便具備前瞻的世界級技術人才。但是，我們有技術卻無處可用。當日本許多城市已發展地下水庫蓄水滯洪時，台灣還是只能每年編列預算在各鄉鎮設置大型抽水機；當各國都強調森林保育對水源涵養、氣候變遷調適的重要性時，台灣政府還持續在各山頭間尋找新的水庫預定地，並爲了開發，尋求讓集水區從「特定水土保持區」中解編。當荷蘭以水上城市、退地還河等調適作法因應氣候變遷的水患問題時，我們只能一再去參訪後發出驚嘆，但忘了人家在十年前就已經著手水域綜合治理計畫、河岸土地重新規劃等導入跨領域溝通及公民參與決策的模式，並且將這樣的經驗以技術輸出方式賺進許多智慧財。

□

政客、選民乃至行政長官，慣於看短期效益的習性，讓有長遠規劃思維的官員不容於制度中。具備理想性的長官，在人事鬥爭中中箭落馬，談專業理念理想卻沒顧到派系利益，於是在權力鞏固的生存遊戲中被排除在外。

包含水資源利用、能源發展、廢棄物處理、氣候變遷、防災系統等等，都應該以更長的時間尺度來思考及布局。然而，台灣政治運作特性，只能夠看到四年後的選舉利基，台灣人善良又健忘，很少人去關心一項政策在十年後的影響。偏偏，新時代的環境挑戰，都不是短線操作可以解決的。「那些談十年、二十年減碳目標的人，十年、二十年後還在嗎？」說穿了，這就是我們一邊喊天氣越來越熱，一邊減碳目標，卻沒有人眞心當一回事的原因。永續性的政策，沒有選票，負責任的官員，沒有政治奧援。

只看到，灘頭上，一堆壯志未酬心已死的靈魂。

效益放末端，誰真的在意

施政無法連續的情況，從政府網站的設置就可知道。通常做網站，希望是有人看，但在資訊爆炸的時代，網站跟老鼠一樣多，商業網站砸廣告經費吸引人、社群網站靠互動式資訊掌握固定閱眾，那政府網站呢？許多政府標案習慣加入網站建置的工作內容，但是政府網站在意的是：智慧財產權、無障礙便利性、資訊安全等項目。比方說，要做一個動態頁面，就得擔心不符合無障礙網頁的規範；要連結相關網頁，就得確認是否有資安疑慮，總之，限制很多。但，最重要的，會不會吸引人來看，卻幾乎沒有考量在合約內。

一個網站要有後端的瀏覽率、閱衆分析，才能針對性的發布訊息提升瀏覽率，但政府網站顯然不是要吸引大家都來看，於是，幾乎很少做後端分析。更糟的是，假設明年沒有預算，這個網頁就會擺在那作古，可能幾百年後，考古學者爲了研究前朝政治形態，才會把它從茫茫網海中撈出。蚊子館閒置在那裡還有蚊子會住，但是閒置的網站不知道能做什麼。何況，許多單位都會做類似的網站，但彼此間可能都不知道互相的存在，連網站管理者本身都不在意了誰會在意？

對於一般公司，如果網站閒置那麼久，應該就是倒閉了。但是政府有趣的是，做了許多不連貫的施政，卻屹立不搖。對於一般公司，如果員工不在意自身工作是否帶來效益，可能很快就被炒，但對於政府裡的公務員及僱員，效益可能是很末端的考量。剛開始，部分公務員應該是考專業類科進到政府，照理說應該是該領域的佼佼者，但是一段時間後，這些專業會逐漸演化成行政上的專業。什麼是行政上的專業呢？就是在「應該做的vs.可以做的vs.長官要的vs.個人風險小的」之間做權衡，得到一個最安全的作法。

「平平安安退休」應該是許多公務員畢生努力的目標，把公文一件一件辦好，不出錯，也就一步一步的朝向目標邁進。然而，長期坐在辦公室內辦公文的結果，可能會與業界實務漸行漸遠，原本很專業的，也漸漸與專業脫節了。

只有行政專業的結果，可能導致訂出的政策與業界需求差異甚遠，近年來公職熱潮不退的結果，許多剛出校園的新鮮人就直接坐到政府辦公室裡，偏偏那些事關重大的中長程計畫常常都是由這些菜鳥來負責，沒有實務經驗的菜鳥在自我想像中訂定國家未來的施政綱領，嗯，也難怪政府常常被說悖離民意了。

口號喊太久，靠政府不如靠自己

一段時間後感覺到，如果繼續在政府，接觸的都是公務員，可能不久的將來，就會變成臉上刻著「我是公務員」的自動辨識臉譜。爲了避免產生這樣的印記，絕對不能失去跟其他領域朋友接觸的機會，甚至要創造這樣的機會！有些公務界朋友會藉由上課、參與社團活動的機會，去認識不同領域的人。這是一種方式，但我自認不是很會哈拉聊天的人，所以決定要找一種方式，讓我能夠不用太多社交，但卻能主動快速地切入去了解不同的行業別。剛好，我的寫作能力還算可以，於是，擔任自由寫手進行採訪，是個認識台灣各行各業的好方式！

剛開始採訪的時候，爲了避免被貼標籤，我不會暴露自己公務員的身分。採訪產業時，或多或少都會談到法規對產業發展的限制，或是對於行政效率不佳的抱怨。記得有一次採訪到廢棄物衍生燃料（refuse derived fuel, RDF）的廠商，他們研發將農業廢棄物（如稻穀、稻草、玉米稈、甘蔗渣、木屑、棕櫚油渣）壓製成燃料棒，外銷到東南亞及中國等地，提供工業製程的發電用途。

農業廢棄物製成的「第五類廢棄物衍生燃料」（RDF-5）燃燒成本較燒煤還要低，並且能解決偏鄉農業廢棄物無人回收的資源浪費，看起來是好事一樁。然而，RDF-5燃料棒僅能外銷，台灣自己卻沒辦法用。業者抱怨：「因爲台灣的電力設施空氣污染物排放標準中，並未定義這類型的燃料，所以工業製程無法使用」。另外，「溫室氣體減量管理法」喊了十年都沒通過（直到二〇一五年六月才通過），「再生能源法」到現在也還沒通過，都讓業者心存觀望，不敢投入能量進行研發。能源轉型的口號喊了很久，但政府政策無法配合，讓一切都變得很困難。

另外，低碳交通喊了很久，但電動機車目前的市占率僅有千分之二。原因有很多，去實際採訪業者，聽到的也是諸多抱怨，包含「政府未輔導業者將電池交換站電池規格統一」、「審驗程序複雜無單一窗口」、「法規年年更新」等等。產業升級的口號琅琅上口，但實際問題卻是一堆，如果沒有實際去了解，眞的很難體會到民間期待與政府施政間的落差。

其他的，關於文創產業、特色民宿業、農漁業轉型等等，講到政府都是搖頭，過時的法規讓這些充滿能量及創意，急欲轉型、升級的產業受到重重束縛。輕者，頂多自食其力不靠政府支援；重者，得遊走法規邊緣低調運作等待法規改善。他們最終只有一個結論：靠政府不如靠自己。每次聽到這樣的不期不待，身爲公務員的我，只能苦笑，內心其實是滿無力的。

當政府政策與產業脫節，就必須導入產業意見來協助政策轉型。比方說，網路電商的新興世界，包含網路金融、數位交易、網路智財等議題，都跳脫過往傳統商業法規的範疇，但卻又是台灣未來產業發展重要的一塊。因此，由行政院與民間社群合作建構的「虛擬世界法規調適交流平台」（vTaiwan），成了民間網林高手、政府跨部門協商討論，排除虛擬世界發展的法規障礙的重要溝通平台（詳見〈公民怎麼參與？〉）。

這樣的跨界溝通平台，在未來的政府治理中，將扮演越來越重要的角色。

9 跨越重重山頭的跨域溝通

山頭各立，整合不易；中央地方，各行其是

前面有提到行政部門主管互相隔離的狀況，「不溝通」、「不合作」、「不相往來」，是這種狀況的延伸。以小窺大，同一單位內都能壁壘分明，更遑論跨部門，甚至跨縣市的合作。以台灣的漁業政策來說，每個縣市訂有自己的單行法規，有些縣市禁止流刺網，有些沒有規範，有些規範三海里不能拖網，但若爲捕抓櫻花蝦、魩仔魚等中層拖網又有例外條款等等，非常分歧。縣市的界線在陸上有界碑，但在海洋中，就無法如此分明，何況魚游來游去，牠會管你這是屏東縣的專用漁業權，而游到高屏溪口就折返嗎？

因此，最有效的資源管理辦法，應該是帶狀的，鄰近的行政區間管理政策要一致，才不至於發生淡水漁船到金山海域使用當地禁用的流刺網；東港櫻花蝦拖船到小琉球禁拖網區作業導致爭議的情況。縣市間政策不一致，不但造成資源管理的困難，更容易引起利益關係者間的糾紛；事實上，主管機關及縣市政府都了解這一點，但卻無法達成共識進行跨區域的整合，原因即在於，各縣市，區漁會背後的政治系統不同，各有各的盤算，很難坐在同一張桌上進行溝通。於是，各方無法整合的結果，只能看著台灣沿近海漁業日漸枯竭。

同樣的情況也發生在流域治理上。一條河川從上游森林、中游集水區到下游出海口，涉及的權管單位繁雜，包含林務局、水保局、水利署、河川局、水資源局、營建署、環保署、國家公園等等。有些管理權屬中央，有些屬地方，林班地、山坡地、水質水量保護區、河川、濕地等不同類型的地景，對應的法規皆不同。若要談水質，便涉及上游水質水量保護區、中游集水區、下游污水排放的管理；若要談水土保持，則與森林經營及水利工程脫不了關係；若再談到水資源，又更全面的涉及跨縣市水輸送、農／工／民生用水分配的問題。

如果跨部門間無法協調，在上／中／下游其中一個環節銜接不上，就會造成在問題發生時，大家疲於奔命甚至花大錢來彌補。而這些問題其實是能透過整合性規劃而預先防範的，偏偏我們的政府文化中，跨領域溝通是相當弱的一環。早期台灣的水利技術與荷蘭、日本並駕齊驅，但因爲政治淩駕專業，地方勢力掌握資源分配，許多應有的長遠規劃被擱置，造成目前台灣政府仍處於反射性的淹水就抽水、舊水庫淤塞就想蓋新水庫的階段；而日本、荷蘭則能夠以地下水庫、水資源管理及新式水利概念等模組輸出模式賺取智慧財。

環境變遷迅速的情況下，單一技術已無法應付現代的複合型災難，跨領域觀念的流通才能找到解答。

跨部會辦公室，其實只是大雜燴

因爲新時代的議題複雜度高，不是單一領域人才可解決，跨領域合作勢在必行。但是政府組織法並沒有那麼快能夠做對應的修正，所以就產生臨時任務編組的ＸＸ辦公室，例如：防災辦公室、食安辦公室、低碳辦公室等等，那問題就來了。既然是臨時任務編組，人從哪裡來？比方說，要成立防災辦公室，可能就是以消防署爲主體，然後從各相關部會調人支援；低碳辦公室，就是以環保局爲主，從其他局處調人支援。既然是支援，就是脫離原本單位，所以做什麼，直屬長官也看不到。因此，對於各奉派支援的單位來說，最好的方式，就是把「閒置」人力給「捐」出去。所以聽過某縣市的低碳辦公室，除了環保局、經發局的人員，就是文化局、衛生局等與低碳政策無直接相關的局處，把局內平時表現被動的人，給請到所謂的「整合」辦公室。

其實，跨領域整合的辦公室能否發揮效用，除了看其被定義的位階（如行政院層級、市政府一級單位）外，主要是看主事者的心態。成立聯合辦公室的好處，就是平時素未接觸的局處，在這裡都有了聯繫的窗口，所以，首長的指令可以直接傳達到各所轄單位，並且有專人負責跨域業務間的聯繫。但我們不禁要想，平時就有行政院會議、市政會議，也有政務委員、專門委員負責協調不同部門間的業務，那麼，成立整合型辦公室的功能有何不同？主要就是希望把重要議題提升到有資訊整合能力、能持續追蹤的專責單位來處理。

然而，如果這樣的辦公室，變成只是被各單位安置「閒置」人等的地方，那眞的有辦法發揮期待的功能嗎？另外，這樣的辦公室因爲是臨時性的，被派駐人員如果很優秀，但卻因爲沒有在直屬長官的眼皮下做事，很容易在年終考績時落得不好的下場；這樣的結果，導致即使跨域辦公室看起來很前瞻，做的事情很有意義，卻難以吸引人才自願到這樣的辦公室服務。

跨域整合的重點，或許不在辦公室設立與否，而在與部門間彼此協調的機制是否在平日就建立好。與其到了問題發生才成立辦公室，不如在各單位設立常設的聯繫窗口，讓不同單位之間平時就能建立溝通管道。所謂見面三分情，可能要讓承辦人員平時就有互通有無的機會，至於要怎麼創造這種機會，就得看行政首長的重視程度。跨領域議題的推動，必須被視為是重要的，也必須給予跨局聯絡業務窗口的承辦人相對的重視，而非因為常常與外單位互動，反而在自己單位被邊緣化了。

跨領域合作，最簡單也最困難的就是：打破本位主義，調整專業的傲慢與偏執。

政策與時代脫鉤，追不上產業需要

有朋友說：「政策，不該是政治人物的胭脂水粉；政策的生死，在於第一線執行時的眞實樣貌」。政策推出時，政治人物在檯面上喊得響亮，但實際一層一層交辦下來，政策的執行樣貌，必然跟當初擬訂時有落差。然而，如果基層執行人員腦筋靈活，也能讓政策有一番不同的氣象。

政策的落實有時是長遠的，有時卻有急迫性，在網路4.0時代，城市發展也要升級。柯P在談論台北市願景時，即提出期望建立智慧政府、智慧城市與智慧市民的目標，然而，誰能決定並展現這個智慧城市的樣貌，必須是兼具跨領域整合及資訊能力的人才。但是，符合這樣條件的人才所需的薪資，必然不是政府公務人員俸額標準表中所能負擔的，於是柯P只能大嘆：香蕉只能請到猴子。最後折衷辦法是成立智慧城市委員會，由各領域專業的委員協助制定策略，資訊局負責執行。

在資訊戰爭的時代，光是全力投入都不足以應付，何況是有個法規跟不上時代、制度又處處掣肘的政府來幫倒忙。郝明義說，對於過時的制度及法令「形同在機關槍的時代，提供業者紅纓槍去上戰場」，還眞是精闢。以電動機車產業爲例，十多年來不斷被行政院宣示爲綠色交通、改善空污品質的政策，但直到目前，電動機車產業在台灣仍如新生兒。其原因在於，車輛研發到上市前，業者光要送審驗程序就得跨好幾個單位，包含：「整車測試」要送經濟部督導的財團法人車輛研究測試中心、「鋰電池組」要送工研院；「充電系統試驗」要送台灣電子檢驗中心；「標準產品檢驗」得送標準檢驗局，「換證審核」得送交通部的車輛安全審驗中心——多頭馬車的單位無法整合，讓業者光是審驗程序就得跑上半年到一年。

接著，車輛上市了，但光是充電就是大問題，過去政府一直推動廣設充電站，但對於消費者來說，誰會願意花二至三小時等待機車充電，過時的政策讓電動車使用率一直無法普及。直到最近才開始推動電池交換站，消費者可以到交換站直接拿了充滿電的電池就走，方便多了。然而，各家電動機車的電池規格沒有統一，造成電池交換站僅適用於部分公司的車型，對於消費者來說，形成另一種困擾。

環保署於二〇一三年起公告實施「電動二輪車改裝使用共通電池補助辦法」，電動機車業者改裝符合車電池交換系統共通電池審驗規範之電池，就可申請一百萬元及檢測費用補助；而電池交換站營運商則最高可申請一千萬之改裝補助。然而「共通電池補助」的政策實施兩年後，在二〇一六年卻因部分廠商抗議補助都集中在特定規格的電池車廠，加上政策轉向對重型電動機車的補助而宣告停止。

如果，台灣眞的有把電動機車作爲未來智慧、低碳的重點發展產業，那這麼久以來，爲何連電池規格統一，結合公營事業（如：中油）廣設電池交換站都做不到呢？除了一開始沒有訂立標準，讓業界各自發展後要再統一規範變得困難，根本問題是：僵化制度加上穩定保障，讓公務單位已經習慣凡事慢慢來，根本趕不上產業變化的速度；各單位各做各的，自行其是的結果，讓跨部門的橫向整合鴻溝日益擴大。□

產業無法整合的狀況，也讓台灣無法從根本去談產業轉型。台灣土地面積小，要發展產業又要兼顧環境，必須從廢棄物源頭減量開始，這就涉及我們如何看待廢棄物的利用方式。除了前面提到的「農業廢棄物作爲固態衍生燃料（RDF5）」的計畫，在台灣法規未鬆綁且再生能源政策未明，讓這些農業廢棄物無法被妥善利用，進一步發展成能源產業之外，我們的垃圾問題也是難解。

過去的垃圾掩埋場設在海邊，多年下來掩埋場都已滿載，經過風吹日曬後，掩埋場的表土被翻起，開始露出陳年的垃圾，飄向眼不見爲淨的海洋。對台灣來說，掩埋場土地的取得是個大問題，因此，開始在各縣市興建焚化爐，將垃圾都燒掉。但是，燒掉的垃圾會產生底渣，這些底渣部分來自塑膠及廚餘的不完全燃燒，因此重金屬及戴奧辛含量偏高。大量產生的底渣要去哪裡？又成了新的問題。有些縣市乾脆停爐，將垃圾送往其他縣市，跨縣市「垃圾大戰」於是開打。

垃圾中的廚餘是比較能夠預處理的，經過生廚餘/熟廚餘的分類，熟廚餘可被回收餵豬，而生廚餘則可用來堆肥。照理說，將廚餘堆肥是資源再利用很好的方式，生廚餘加上木屑、腐敗的枯枝落葉，混合發酵製成的堆肥可以再回到農地，達成資源再循環的目的，亦同時提升廚餘的價值，因此台北市及新北市還特別委託廠商將生廚餘處理成堆肥。

廚餘製成的堆肥，如果有好的管道進行銷售，除了減少堆肥堆置量，對公務機關也是另外的財源。然而，聽到的情況是，許多公立堆肥場礙於法規限制（販售肥料需有工廠登記證），無法出售堆肥，民眾如果需要這些堆肥，必須拿廢電池、廢紙、光碟片、玻璃瓶來換。可以想見，民眾哪來這麼多的廢電池換堆肥？堆肥場即使每天能回收很多廚餘，但產製出的堆肥沒人來換時，反而造成自身的痲煩。因此，聽到有堆肥場每天應能消化一百公斤廚餘，但卻只願意收十公斤（十分之一）這樣的例子。

恆春半島也有堆肥場，而當地的外來種銀合歡十分強勢，將原生樹種的棲息環境都占據了。曾有朋友打算導入民間力量，將銀合歡砍伐後製成木屑，利用當地的蚯蚓及黑水虻幼蟲進行分解後，與廚餘混合製成有機堆肥，便宜提供給在地的農夫使用。這樣的作法，一來減緩外來種銀合歡入侵的問題，二來提供在地的肥料。但這個計畫，同樣因爲前述原因，製成的堆肥無法銷售而作罷，而堆肥場只能持續向東南亞購買木屑來混合堆肥，只能感嘆，有心要做事的人還眞是無力。

頭痛醫頭腳痛醫腳，缺乏預警機制

判斷，可以來自於自身的經驗；但，決策若流於自身經驗而除排他人經驗，就不對。敝帚自珍及自掃門前雪，**就是跨域整合最大的阻力**。

有人說，這是一個跨域整合的時代，工程與人文要整合，都更與防災要整合，治水防洪及森林保育要整合，氣候變遷及農業生產要整合——但這麼多整合型的議題，到底要怎麼進行？這種跨域議題的執行，到底由什麼階層來推動比較有效率？國家、城市或者是更小的單元？

這得看政策的尺度。有些太過複雜的議題，一下就放到國家尺度來做，會讓參與者容易感到疲倦及挫敗。以氣候變遷下重要的八大領域來看（後面會詳細說明），每個領域下面可能有幾十個行動策略，整合成一本報告書，搞不好一個星期都看不完。像這樣的議題，或許適合在城市，甚或更小的行政區來試行。例如海綿城市、智慧城市、綠色交通、社會住宅等新穎概念，或許都需要在小區域實驗，讓參與者從中獲取經驗後，再複製到其他地方。如果複雜的議題一開始設定的執行方向就令人無感，要快速看到成果數據（比方說開會時討論的是達成率、完成件數、一大堆的數字）時，不只令人頭暈眼花，還很難從中得到成就感。

簡單地說，重點太多時，就沒有重點了。像這樣學生時代都曉得的原則，到了政府那兒卻常常忘記。要推動複雜的議題，必須找亮點→實驗性試辦→成功模式複製。

□

跨領域治理，在全球環境變遷下，會遭到很大挑戰。比方說，五十年來在台灣未曾發生的狂犬病，二〇一四年在台灣野生鼬獾身上發現，在媒體的推波助瀾下，引起很大的關注。當時，就有民間團體表示，台灣寵物登記制度管理一直以來並未落實，許多犬貓、鼬獾、白鼻心等動物飼養並未妥善管理；加上從地下管道進口的動植物，都將使防疫系統漏洞大開。在國貿局對進口動物的法規限制及防檢局關口檢疫雙重把關之下，爲何還是會有許多黑市的野生動物交易呢？因爲，即使野生動物非法進口的案例被查獲，但檢察官認爲這類案件影響不大，通常輕放輕判，造成有心走私進口的販者有恃無恐。

此外，當狂犬病問題發生時，政府才發現過去對野生動物分布、病源、傳播途徑等流行病學的了解不夠多，第一線的研究人員、資源都不足；等到問題發生召開跨部門會議時，又礙於媒體壓力，得做出快速的決定，但對於結構性的動物貿易管理、寵物登記制度、野生流行病研究等需要長期投入的政策方向，卻無法探討。亦即，政府缺乏對未來可能發生問題的預警機制。

除了狂犬病，還有禽流感、登革熱等伴隨著氣候變遷而擴大影響範圍的傳染病；另外還有旱澇加劇、海平面上升、能源不足、水資源缺乏等等問題，都需要整合性的規劃。整合當然要透過跨部門的開會，由政府智庫及顧問公司提出策略規劃，然後訂出計畫方案，根據計畫方案再擬出細部執行工作，設立查核點及績效指標。

然而，這些細部執行工作出了會議室，到了各部門之後，是不是能充分被溝通，就涉及基層主管及承辦人之間的態度。政策要能落實，除了上頭風行草偃的魄力，基層是否能貫徹意志去執行，才是政策能否成功的關鍵。常常看到的情形是，一個政策交辦下來，經過層層的不同解讀，到了承辦人耳裡已經從鳳梨變成了蘋果。這是資訊傳遞上的誤差。

另一種政策無法連貫的原因，是承辦人員的業務異動頻繁。當新穎複雜的議題被交辦下來，往往需要很多的溝通才能讓不同部門間產生共識，接著規劃才能具體展開行動。但是，當承辦人總算了解彼此間應該如何配合時，往往因個人因素或其他不知名因素而職務異動，這些好不容易開會—開會—開會建立起來的共識，隨著人員異動又幾乎歸零。

簡單地說，這個政府給我的感覺，有點像「事情由什麼人來做並不太重要，公務員是依法行政」的無差別個體。只要不違法，不得罪長官及民代，就是一個好的公務員。至於事情有沒有細心溝通及專業解決，倒是其次了。

跨領域合作案例：氣候變遷是未來大挑戰

二〇一六年一月底全台氣象圖被淡藍反攻，山區冰雪紛紛，城市裡也下起冰霰，頭兩天引起一窩蜂追雪的行程。然而，第三天之後，就傳出虱目魚、高麗菜、草莓、蓮霧、大白菜的災情。一周後，魚屍在嘉義、台南、高雄大量湧現，尤其是淺坪式養殖的虱目魚，不耐寒加上水淺不易調節水溫，漁民心血幾乎泡湯。根據農委會估計，這波寒害造成的農損金額將近四十億，其中養殖業損失三十一億，創下自一九七三年來最大的寒害農損。

本來是暖冬的一年，結果在冬季結束前氣溫驟降，分析原因，傳出是「負北極震盪」造成冷鋒南下，讓一月二十四日成為一九六三年後，台灣五十年來最冷的一天。在這之前，二〇一五年才被美國國家海洋暨大氣總署（NOAA）宣布是有史以來最熱的年份；而在二〇一五年上半年，台灣才遭遇一九四七年以來最嚴重的缺水危機。這一切都顯示，全球氣候變遷造成的極端氣候及降雨不均，在未來對許多國家都是大挑戰，尤其是海島國家的台灣，西南沿海低窪區更是直接受到衝擊的區域。

對此，行政院二〇一二年核定「國家氣候變遷調適政策綱領」，成立八個調適工作分組（災害—科技部；維生基礎設施—交通部；水資源—經濟部；土地使用—內政部；海岸—內政部；能源供給及產業—經濟部；農業生產及生物多樣性—農委會；健康—衛福部），針對八個調適領域，歷經兩年三輪各工作分組專案會議討論，由國家發展委員會整合完成「國家氣候變遷調適行動計畫（一〇二—一〇六年）」。

至於各縣市政府，在國發會的要求下，自行訂定「氣候變遷調適計畫」，先分析各行政區面對各種氣候變遷情境之脆弱度，根據各領域涉及氣候變遷的課題，檢討各局既有與進行中的相關政策計畫，再訂定具體可達成的策略目標（以定量爲主），研擬調適行動計畫；並訂定工作與績效指標，就行動計畫進行分工，定期評估，以滾動式檢討修正國家調適政策綱領與行動方案。

看起來相當有規劃性的調適策略，然而，實際執行上呢？

□

與台灣環境相近的荷蘭，其實擬定「國家氣候變遷調適綱領」，也不過比台灣早兩年。但是，因爲他們實際的依據綱領，去做國土規劃及產業結構的調整，如今阿姆斯特丹、鹿特丹、海牙等市皆已成爲氣候調適下「維生基礎設施、水利工程、海岸管理」的模範城市。荷蘭還提供交換學生名額給予許多東南亞的國家，達成雙聯制學位的協定，靠著培養出的學生回到各自國家後，再帶著政府部門來參訪，賣出技術，賺到了許多外匯。

反觀台灣，過去曾是水利技術領先者，但到了現在，卻還是沉溺於編列大筆預算在各鄉鎮設立大型抽水站、丟消波塊、築防波堤等下游工程，然後給予重化工業優先用水，農漁業無水可用，只能持續抽取地下水，造成沿海地區不只海岸退縮，還面臨地層下陷的困境。

河川治理其實是檢視政府跨領域合作績效的最好案例。河川的起點，高山森林，是農委會林務局管轄；山坡地的水土保持，是水保局業務；水跟砂石流到中游，需要攔沙壩，是水利署建的；下游集水區、水庫，則是水保局及水資源局負責管理，水流到了農村水圳，是水利會；到了都市的排水系統，則是地方水利局。然而，這些本應互相合作的單位，在各有各的任務及目標不一致的情況下，常是互不溝通、各行其是。

一條河川上中下游各有各的管理方式，開發與保育單位間橫向協調不佳的結果，中游土地繼續被濫挖，森林變成度假村、高爾夫球場、民宿；下游沿海土石任由地方勢力介入的砂石業者夜以繼日地挖走，水圳被農地中一棟棟的民宿搭排，民生廢水混著工業廢水，流入農田灌溉。都市的土地被建築物填滿，馬路以水泥覆蓋，水無路可走，只能沿著馬路宣泄造成水災。河川的砂土、出海口的沙灘被怪手一寸寸挖走，我們能住的地方只會越來越少，水災只會越來越多。

幸好，我們還有台灣中央山脈保育廊帶保護區系統，相對於中低海拔的環境剝離，台灣中央山脈上還能保有最後一道防線。但，從集水區以降，幾乎都被開發單位虎視眈眈了。先前，還有立委在開發團體壓力下，提案修正水保法，讓水庫集水區從「特定水土保持區」中解編，要放寬百分之八十三的水庫集水區可以開發。

其他國家看到氣候變遷勢不可擋，已著手進行調適行動的情況下，台灣的「國家氣候變遷調適行動計畫」卻仍在規劃研議階段，而許多該守住的環境防線在政治妥協下岌岌可危。李鴻源前部長曾提到他在內政部時期，經過幾年溝通，原已說服氣候變遷受衝擊的第一線——西南沿海地區，包括嘉義布袋、東石、義竹三個鄉鎮進行重劃。將部分沿海氾濫區土地釋出，挖深後作爲滯洪池使用，挖出的土方回填內陸基地，墊高住宅區的高度，並且打算無息貸款給民衆，鼓勵沿海民衆搬遷。但，最終，嘉義縣政府礙於地方政治勢力難以喬攏，不願意接下燙手山芋。

關於跨領域議題如何推動及落實

有一陣子在運作氣候變遷調適的議題時，在政策推動的設定中，生物多樣性專案成為跨局整合的示範案例（Pioneer Project）。長官認為，全球變遷下的新治理模式，牽涉許多整合性議題，像是城市減災、海綿城市、智慧城市等複合性議題，都需要跨領域合作才能推得動。相對來說，生物多樣性就是一個較簡易的 model，可以作為其他議題運作的前哨站。

Run 了兩年後，深深感覺，這種 model 要運作得起來，第一、必須要位階夠高的長官居中協調；第二、承辦人必須細心溝通，因為許多概念都是新的，承辦人要清楚整個概念，心中有藍圖，並且把策略清楚地寫成細部工作項目，並且與各單位窗口溝通這樣的概念；第三、就是各平行單位長官的支持，以及承辦人的落實。

這三個元素，缺了一個就會運作得七零八落。

再來，如果議題很複雜，例如氣候變遷，國發會第一次篩選的議題共有八大領域三百多項，這時需要收斂成亮點項目，針對各地方的屬性，進行「專案小組」的討論，然後慢慢凝聚出共識。如果一開始就讓大家一起在大範疇下開會，那麼多的議題，很容易失焦，還搞得大家很無力。**所以，先期找**

出適地性的議題，以小團體形式會議來聚焦，是重要的。

但是，有些議題涉及中央法規的修訂，必須由中央來發動。舉個簡單的例子，高雄是工業重鎮，人均二氧化碳曾經是世界第一，空氣污染，一直為這個晴朗的城市蒙上一層陰影。於是乎，高雄市二〇一一年提出「氣候變遷調適基金自治條例」的草案，希望對產生溫室氣體的廠商，依照排放量捐贈排放費，再將調適基金捐款專用在補助廠商進行「溫室氣體減量」的設備及製程更新，藉由調整生產製程，減低碳排放。

然而，當時中央政府的《溫室氣體減量管理法》尚未通過，高雄市率先採取這樣的作法，必然被高雄在地廠商認定是額外的限制。空氣品質狀況也不佳的雲林縣政府，在二〇一五年宣告「禁燒生煤」，依地方制度法訂定《雲林縣工商廠場禁止使用生煤及石油焦自治條例》，但其後卻被環保署判定違反《空氣污染防制法》中賦予廠商申請許可的權利。

上述兩個案例中，都是地方政府環保措施跑在中央政府之前的案例，但最後卻因中央相關政策尚未成形而未能順利推動。像這類涉及全國性議題的政策形成過程，由中央統一發動的力道當然會比地方政府用自治條例管理強得多。但中央政策制定曠日廢時，當地方政府有意願主動出擊時，其實可以透過協調，協助地方政府在法規、行政程序上做突破。然而，許多時候中央政府的官員態度是：「我們還沒做，你們不要跑在前面」。

上對下的單向溝通

台灣的政策在規劃階段都立意良好，但層層交辦下去，常會發生傳達上的誤差，造成實際執行時與規劃階段的本意有相當落差。相反的狀況是，有時政策在實際執行時遭遇困難，即使第一線執行人員明白問題所在，但因爲下對上的溝通管道不順暢，還是得依據長官意志硬做，失去第一時間檢討及調整政策方向的機會。

台灣官場馬首是瞻的文化，很容易把上位者神主牌化，認爲長官是不可挑戰的。即使我們在共事過程中會慢慢認知，原來長官不是全知，而且常常忘記說過的話，但我們還是不太敢忤逆上意。這種情況，卻導致許多危機。

NOKIA從手機龍頭，開發最早的觸控智慧型手機，走到最後的失敗結局，專家認爲是因爲「組織畏懼」（organizational fear），中階主管即使察覺公司策略有問題，也不敢直接對高階管理者提出質疑；再者是高階主管並非工程背景，用業績導向來決定產品走向的結果，導致在技術評估及目標設定時出現偏差。

這樣的狀況，同時也存在台灣政府。簡單地說，因爲政治介入行政的結果，產生許多外行領導內行的現象。再來，文官遵循行政倫理，不常對長官決策做出挑戰，長官身邊的機要祕書，本來應該作為上下之間溝通的橋梁，但有時卻自視甚高，對「下級」頤指氣使，反成為阻斷基層意見反映的障礙。

□

談到機要祕書，這是公門中神祕的角色。通常這個生物類群的起源都不平凡，可能是口銜金銀銅湯匙出生，抑或是從海底隆起的政治造山運動中曾經參與其中，共同的特點是：背後有座神主牌。機要通常表面看來幹練，但表裡不一的情況也頗多。在爺們出國時，通常身邊會攜帶著他們，所有庶務，都交由他們……吩咐下人們處理。從住宿、機位、交通、接待、行程、雜支、電器、行李諸多庶務，都是由他們統一指揮。

曾經有個重要的國際會議在選舉前舉辦，眾城市的大頭們都要拋頭露面一下，這種時候，博版面就相當重要了。但是國內外有時差，每天國外會議開始時，已經接近國內媒體的截稿時間，於是，出發前就對媒體露出的安排做了戰略推演，什麼時候該由國外的下人們把預擬的新聞稿回傳國內，再由國內下人們交給媒體編排。什麼時候該傳照片、什麼時候該傳錄影畫面、照片的品質、錄影的時機、撰稿的方式、露出的媒體等等，都在機要祕書的指揮調度下運作。為此，下人們還成立了一個「傭人團」的 line 群組，以便應付機要茶來張口的各種需求。

當時，每天一至兩篇的新聞稿，就得來來回回溝通數十次，整天就在電腦前等待即時的照片傳回，國內下人極力滿足國內機要需求的同時，國外下人也戰戰兢兢地處理國外機要下的指導棋，一個沒讓長官卡到好的拍照位置，就得遭到機要戮力指責。機要幾乎已成為長官代言人，這樣的角色很重「要」，勢必也得相當程度的「機」靈才行。不過，機靈並不表示要機車，然而，有些機要們會認為自己高人一等，在態度上讓很多基層人員不舒服，但礙於背後一座神主牌的莊嚴下，大家還是得和顏悅色地相處下去。

機要咄咄逼人的要求，如果是為了公務大家還可理解，可有時候機要是憑藉著背後神主牌的威嚴，而使盡招數為了自身權益而奮鬥時，真的很令人傻眼。

□

在某年的最後一天，會計日關帳日前，一位同事遭到機要的奪命連環叩，要求解釋為何自己的出國差旅日支費被扣除了早餐費。因公出國到歐洲某都市，每人每日可領三百一十塊歐元（約台幣一萬一千，其中百分之七十支付住宿費，百分之二十為膳食費，百分之十為零用金）。其中膳食費的分配是：早餐四%，午餐及晚餐各八%。為何要扣除四%早餐費，因為住宿旅館有提供早餐啊，這麼簡單，很合理吧！

不過，來自機要的意見認為，早餐不是國際會議的大會提供，所以理當也要把早餐費給他，就為了要拿到這筆餐費，原本已請休假的同事一整天被 Call Out 處理這件事。實在令人匪夷所思，每天已經有百分之十的零用金，一趟出國十幾天也額外多了將近兩萬元的收入，還為了一丁點早餐費讓下人們疲於奔命？

更詭異的是，這位隨行祕書在會議進行中有一些出人意表的行為出現，包含在晚宴眾多來賓齊聚的場合中，直接高聲指責負責行程安排的台灣代表團人員，讓在場人士都捏把冷汗；另外是在議程期間，不斷私下要求委辦單位安排參訪及購物行程。看起來充滿問號的行徑，不過因為她是「機要」，大家還是得禮讓三分。

後來聽到一位基層出身的高階長官說，他們都是在這樣貌似紅衛兵的機要刁難中隱忍過來的，只能等他們自己出包，否則還眞對他們無可奈何。我在想，挾著政治背景的機要，對於文官頤指氣使的態度，已經讓文官制度受傷；又，這些機要大部分是非專業背景，由他們來指導專業背景的文官，是否讓台灣步上 NOKIA 的衰敗之路？有一段很貼切的詮釋：「現在的事務官很卑微，專業不被尊重，人事則被當政治酬庸，整個事務官體系價值崩毀」，這種情況下，所謂的行政中立，到底還存不存在？專業的價值呢？

10 眞的有行政中立這件事嗎？

政府也有置入性行銷

曾經有一段時間，預算法六十二條之一成爲辦公室中最爲人津津樂道的話題，六十二條之一是什麼呢？「基於行政中立、維護新聞自由及人民權益，政府各機關暨公營事業、政府捐助基金百分之五十以上成立之財團法人及政府轉投資資本百分之五十以上事業，編列預算辦理政策宣導，應明確標示其爲廣告且揭示辦理或贊助機關、單位名稱，並不得以置入性行銷方式進行。」

置入性行銷？過去常見於商業操作的手法，怎麼出現在政府機關了？企業透過置入性行銷，將集團形象潛移默化地植入人們心中；希望上市產品大紅大紫，大發利市，但是對於不冀望大紅大紫、萬事求安全的政府，置入性行銷要做什麼？

說穿了，是在神不知鬼不覺的情況下，以看似中立的報導，偷偷地表彰自身功績，或是，透過假名發表的社論，對被詬病的政策進行平反；甚至，透過某些負面新聞清除仕途路上的阻礙。新聞之所以能造成輿論效果，就是因爲很多人看了，相信，然後將閱讀過後的文字，轉化爲自己的價值觀。所以，麵店老闆可以一邊煮麵一邊看談話性節目，麵上桌之後延續剛剛名嘴的對話，跟客人在路邊小攤談殿堂之事，侃侃而談，虎虎生風，彷彿親身參與了事件的決策過程。

所以，一個政策先不論實質效益，能不能在第一步取得媒體的正面評價，成了施政滿意度的關鍵。一個長遠的政策，可能要五年八年甚至更久才能看見成果，但四年一次的選舉，卻必須將個人成敗提前到立竿見影的決殺步。施政滿意度，當然是投票的重要參考。然而，滿意度的來源，元素很多，媒體的曝光占了重要的百分比。當然，有些施政滿意度調查本身就是看不見的置入性行銷！

□

爲了跟媒體建立好關係，從地方政府到中央單位，都會開闢一間單獨的記者室，美其名讓記者寫稿使用，實際上在小單位可能是喬事情的地方。每個單位都編列有「媒體宣導」的預算，顧名思義就是「買新聞」。買的新聞是由記者來寫嗎？不。是由單位承辦人自己來寫，再提供給媒體發布。記者收稿後，大概做一下版面編排，就直接上稿了，成為我們看到的新聞。

新聞從業者都知道新聞倫理中有一條重要的精神，叫作「平衡報導」，意即，一篇新聞的產製過程當中，需要蒐集來自多處不同來源的資訊及看法，才不會成為觀點立場太過偏頗的報導。但，政府卻跟企業一樣，透過銀彈攻勢，企圖掌握輿論的方向，然後，從中得到有形無形的利益。

這類型的新聞，行內的人看到撰寫方式，會知道那是政府買的廣告。但是一般人吃早餐配新聞，可能不會思考留意廣告怎麼來的，有些廣告則根本沒有出現ＸＸ政府的字樣，就是直接的告訴你，哪個區段要開發了，土地會增值；或是哪個園區開幕，預計吸引多少就業人口，這些看起來非常中立平實的報導，其實都有背後的算計。透過媒體的行銷，大家知道土地要增值了，房價要上升了，交易會變得熱絡，ＧＤＰ會提高，稅收會增加，對於實質收益，政績宣揚，都是加分。

□

政府不斷以「置入性行銷」介入媒體，曾在二〇一〇年底引起媒體界的反彈，資深記者黃哲斌以「左手伸進我們口袋，賄賂媒體換取正面曝光；右手伸進我們腦袋，造成嚴重的資訊傾斜」來說明，媒體如何從制衡政府的角色，成為政府花錢僱用的打手。

隨著「反政府置入性行銷」的連署活動發酵，監察院也介入調查，隨後，當時的行政院長吳敦義在行政院會議上宣示：「未來政府政策宣導時，絕對不要以購買新聞的方式辦理，政策廣告行銷也應光明正大地清楚標示機關名稱」，以及增訂了預算法第六十二條之一。

弔詭的是，本來六十二條之一是用來防止置入性行銷，規定任何政府花錢買的新聞，都必須要標示爲「廣告」，這對媒體界長期存在的視聽誤導，是一種正面回應。然而，實際在執行上，卻發生了非常好笑的事情。因爲在預算法規範之下，沒有加註廣告的採購，不能進行核銷。那陣子，公務部門出版的書籍、舉辦研討會的紀念品、甚至連研討會掛的紅布條、簡報打出的宣傳logo，都要加註「廣告」字樣。

而且，主計處開始要各單位溯及既往，調查過去一年總共花了多少公務預算買廣告，是不是有清楚標明「機關名稱」、「廣告字樣」的調查表格就這樣誕生了，那陣子，會計單位忙於調出先前核銷的單據，業務單位則忙於找出過去製作的報導，有電子檔的還好，沒有電子檔的，只能從成堆的文件中去撈，就是要把過去的報導找出來，確認上面有沒有印上「廣告」字樣。

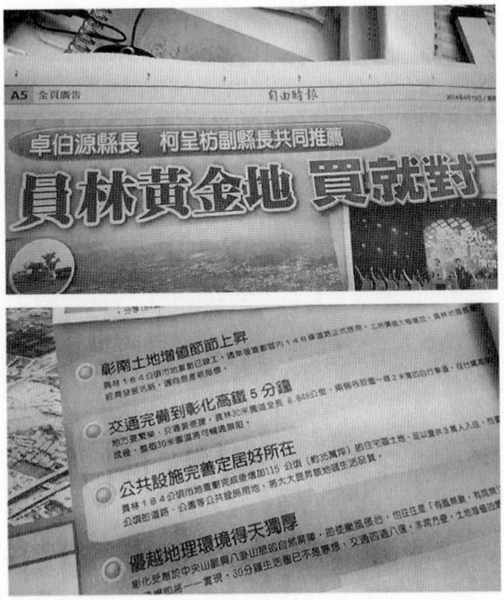

圖片來源：作者提供

是政治介入專業，還是缺乏專業？

即使這樣的大張旗鼓，將置入性行銷視爲毒蛇猛獸大加撻伐，是否意味著我們的行政機關就此中立了呢？嗯，其實還有很多管道可以宣導政策。反黑箱服貿協議的那段時間，中央政府所轄機關應該都收到了這樣一紙公文：「請各單位於官方首頁中揭示服務貿易協議相關訊息」。

於是，跟服貿議題無直接關聯的單位，像是「特有生物保育研究中心」、「林務局」、「殯葬管理處」等等，都在「新聞與公告」貼上了這類的標題「想一想，台灣可以選擇停聽看，但世界會停下來等待我們？」很明顯地要告訴我們，服貿勢不可擋，有必要加速通過。

公務員常常被告誡，不要在公開場合談論政治話題，公務員必須謹守行政中立的規範。但其實在類似服貿協議的重大議題中，常常還是可以聽到會有從行政機關首長交代下來，必須明確揭示及配合的事項。特別是在發生土地徵收、開發案環境影響評估等爭議性事件時，公權力常常能要求底下的人「口徑要一致」。

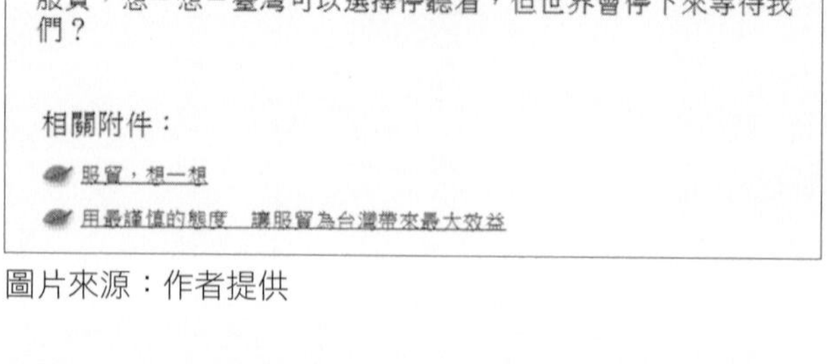

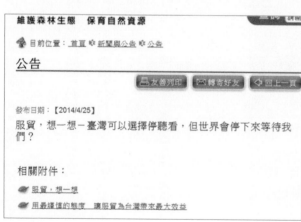

圖片來源：作者提供

一如當兵時期軍中的莒光園地，把大家同一時間集合在一個氣氛輕鬆的場所，然後告訴大家要行政中立，休假時盡量當一個死老百姓，不要上街拋頭露面參與集會遊行。公務員也常常收到功能類似的**Email**，告訴我們國家政策需要大家戮力支持，但是，從來沒有人問基層的我們，這些政策到底是不是對國家有利、有沒有辦法實際執行。即使有不同意見，在文官文化中，很難出現異議之聲。

其實，行政中立的一個重要前提，是必須奠基於專業的判斷，能提出有憑有據的政策論述，這樣才能清楚的分辨：什麼政策是服務大眾的、什麼政策是服務特定團體的；什麼政策是短期治標的、什麼政策是長期治本的；什麼政策是表面安撫人心的、什麼政策是解決背後結構性問題的。如果，公務員失去了依循專業的判斷分析，失去了循證基礎的論述能力，那麼，當上級交辦下來，就只能依法處理，秉持「沒有意見」的行政中立原則。「政治介入專業」是說，專業判斷下，不應該這樣做，但是政治決定了這樣做；然而反過來說，如果公務員專業、思辨能力不足，只好依上級領導者怎麼說就怎麼做，這種情況下就不是專業被政治領導的問題，而是假「行政中立」行「不積極作爲」之實，徒具中立形式但卻絕對行政傾斜了。

因此，與時俱進的專業素養及政策論述能力，是要求公務員「行政中立」的前提。

11 政治掛帥，專業哭哭

民粹瘋媒雙面夾攻，官員兩面不是人

看到某些情景，讓人對於公門的憧憬悵然若失。尤其是看到那些有堅持、沒做錯事的人，卻必須對民粹力量道歉，甚至調職下台一鞠躬時，便會忍不住揣想，如果有一天努力走到了那個位置，卻得遭逢同樣的處境又該怎麼辦？如此一想，便對未來充滿了茫然。有些人因此醒了：認爲公職是個人好修行，把自己顧好就好了。

行政首長因爲對政策負責而遭遇民意阻力下台的案例比比皆是，例如前衛生署長李明亮調漲保費率後辭職，前衛生署長楊志良也在通過二代健保草案後辭職。明知健保財政問題需要改革，但因爲會直接衝擊選民的短期利益而難以推動，因此必須有人伸頭出來挨一刀，這都屬於政務官硬頸推動改革後功成身退的案例。

立意良好的政策，卻也需要事務官去落實，第一線的行政首長，面對的就是很實際的執行面。有一次，東北角龍洞地質公園發生瘋狗浪捲走八條人命的意外，當時的東北角風景區管理處處長許正隆接受媒體訪問，媒體問：「請問你們有法律上的責任嗎？」許正隆回答：「我們有道義上的責任，我們願意來承擔……」但電視上截取「我們有道義上的責任」這段話播出後，引起社會大加撻伐，《蘋果》甚至下了這樣的標題「瘋狗浪慘劇　先不管　後卸責　害八人枉死　昏官快滾吧」。

即使後來唐湘龍寫了一篇〈政治瘋狗浪〉來諷刺立委及政府隨雞起舞的處置作法，認爲瘋狗浪本屬難以預料的自然狀況，要行政部門爲此負起行政責任（甚至要申請國賠）未免太嚴苛，但仍無法挽回一位有擔當的行政首長必須請調負責的結果。事後，媒體檢討風管處，認爲應該加裝護欄、即時風速、浪高資訊看板等。但大概沒有人去詳細研究，東北角風管處轄內海岸長一〇二點五公里，如果都設護欄，都裝看板，那這樣充滿保護措施的海岸，還有人要去嗎？

政府的施政，必然有人贊成，有人反對。以國人心中的聖山玉山爲例，在風災、雪季期間爲了安全考量的封山措施，幾乎每年都要遭到登山團體的撻伐，認為剝奪人民親近自然的自由。兩相對照，到底應該鼓勵民眾親近自然，還是讓所有可能導致安全顧慮的自然景觀區都封閉呢？

一句「行政疏失」，足以讓官員喪膽，日後勢必更謹慎處理封閉管制條件的判定。但過度的保護，是否讓下一代繼續對於海洋感到恐懼（海洋國家的子民啊），我們要求親近自然的同時，又曾經為可能發生的災害做足準備嗎？如果只是不斷地要求政府、發生意外時就歸咎於政府，基層公務員只會為這樣的輿論疲於奔命。

柯文哲曾說：「處事原則應該是不以個案處理，該怎麼做就怎麼做，政府最忌諱遇到事情就做反射性的反應」。然而，政府畏懼媒體已久，只要有檢討聲音，就得立即做出反應，所以，私人企業舉辦活動發生塵爆，政府除了發送慰問金，還得讓傷者的配偶或直系親屬的公務員帶薪休假二十天，甚至有家屬提議政府「每年編列常態性預算」分配給傷患作為治療用途。

所以，當民眾到國家公園抗議在保護區取締非法漁業太過嚴格時，官員得出來緩頰致歉；我們都知道，不論再嚴密的法律條文總有疏漏之處，但是，若需要選擇性執法時，是否代表這樣的法律有問題？如果不是法律有問題，那為何需要為了勇於執法而道歉？當基層人員認真執法，上頭長官卻被民代叫去罰站，被好煽動的媒體點名，基層人員因此被調離職務，試問，基層人員誰還願意做這樣吃力不討好的事？

要依法行政，卻又關說不斷，真是錯亂！

台灣看似民主跟法治的社會，但其實有時感覺奴性跟人治成分還是相當重。我們喜歡講人情，也喜歡鑽漏洞。有一次，新年過後，單位內需要申請新年度的停車證，但是車位有限，於是只能用抽籤的方式。我不常開車上班，自然沒有停車需求，但同事來拜託我要登記，如果到時我抽到車位他沒抽到，可以轉讓給他。也沒多想，就答應了。後來，果眞我抽到的車位他沒抽到，於是就私底下講好轉讓給他，他也先去預繳費了。

像這樣抽到轉讓的 case 其實很多，加上有不少同事在新年考上其他單位離職，車位居然又多了出來，於是，我同事就這樣候補到了。既然自己候補到了車位，他認爲就不需要我的車位了，於是請我去辦理註銷退費。哪知，負責停車位分配的業務單位有規定，除非離職或特殊原因，否則是無法辦理註銷的，該單位主管還對我曉以大義說：「我知道你們都是幫人家登記的，但如果依照一般規定走，其實大多數人都申請得到車位，不用這樣候補，多了很多行政程序。」想想，也沒錯，爲什麼大家都要鑽這種漏洞呢？我自知理虧，摸摸鼻子就走了。

不過，我同事並沒有就此放棄，他透過關係找了權力人士打電話給停車業務單位的主管，對他施壓，要求將車位登記費用退還給我，就因爲這樣，我又被找去曉以大義：「這次就先退費，以後內部的事情內部解決，不要找外面來施壓」。當時的我，眞是百口莫辯，硬是呑下一肚子鳥氣，只能怨恨自己，當初爲什麼賣人情鑽這種漏洞。另外也很深刻體會到，台灣眞的不缺法條/規定，而是不按照規定走的人很多，找關係的人也很多，最該死的是還很管用。

政府應當處理的是「衆人」的事，但現在「衆人」可能得定義爲：有管道的人。有管道找到民代，就能處理一下；有管道找到行政首長，也能處理一下；基層公務員其實是政策執行的最小單位，在執行上除了依法行政，理應能透過自己的裁量判斷去審視每個案件的輕重緩急。但當有管道的人關心某個案子時，就會被迫要調整優先順位，曾聽過承辦人因爲詳細審查每個程序卡到財團的開發案，而遭到調動職位；更有嚴格執法的警察人員，被長官說不要衝那麼快之類的傳聞。

行政專業遠去的年代

爲了理解政府是如何走入政治決定專業的過程，特別訪問了曾擔任省政府時期水利處長的李鴻源教授。他說，關鍵的問題就在公務員逐漸變得沒有專業。過去的技術官僚，實務經驗相當強，廠商要偷斤減兩沒那麼容易，但是這樣的強項在公務員成爲發包工具之後就漸漸消失了。原因有兩個，在教育養成過程中，以學術爲至上的高教系統，讓技術專長的老師無法獲得晉升，越來越脫離現場的結果，讓學生也缺乏實務經驗。李鴻源說：「聽到研究生考上公職要去報到，我只說了一句話：你什麼實務經驗都沒有，敢去嗎？」

不過事實上，沒有經過任何業界洗禮、沒有任何實務經驗的公務人員在目前政府裡有很多。學校實務訓練不足，加上學生一窩蜂投入公職考試的結果，我們養成了太多紙上談兵的公務員，在工程案件中，這些公務員成爲廠商眼中的小白兔，很容易掉入陷阱中，或是變成太過依賴特定廠商的情況。

行政專業遠去的另一個原因，是政務官過度介入事務官的人事運作。過去，政務官負責政策走向，涉及行政、人事的部分，則委由事務官負責。事務官畢竟在單位時間較久，了解內部行政文化，也懂得知人善任。但是，在政治混亂的情況下，政治介入行政專業的情況普遍，政務官將事務官的調動升降當作個人政治籌碼，專業及工作能力不再是升遷的主要考量。甚至在某些單位中，想升遷、調任，都得找民代關心一下，才可能卡到位。長期下來，常任文官對於升遷要嘛看淡，要嘛就得走向關係靠攏這一套。

政治過度介入行政專業，造成整個文官體制的價值崩毀。過去，公務員之所以被稱爲鐵飯碗的制度設計，是爲了保障公務員能夠心無旁騖地爲民工作，不受政黨輪替的影響。這種保障是爲了行政的延續與穩定，希望公務員能夠發揮自身專業判斷，不受政治性因素的懲處或免職，換言之，鐵飯碗是保障文官不受政治干預的一項設計。此一理念是來自韋伯（Max Weber）的官僚型模理論，強調官僚體系的特徵之一就是「永業取向」，眞正意義是保障常任文官的專業、敬業和行政中立。

「永業取向」是本意良善的設計，預設前提是：發展成熟的民主社會。理論上，政治部門及行政部門是互補的，遵守各自獨立且互相依賴的原則；重視「政治」制定政策，「行政」執行政策。簡言之，公務員幫助民選官員制定政策，並且在實施政策的過程中界定政策的內容和意義；相對地，民選官員監督執行，探究執行不力的申訴與怨言，並試圖透過協調以修正執行上的問題。總之，如果政治和行政互補，那麼公務員可追求政治中立，而民選官員可尊重公務員行政中立。

然而，對於現階段的台灣政治生態而言，這種互補性及獨立性是失衡的。照理說，立法院或是地方議會應尊重行政部門的常任文官體系運作獨立性，僅在施政過程中扮演人民／政府間協調及行政監督的角色。然而，我們都知道，現在的選民服務非常「私有化」，民代介入的層面五花八門，尤其在地方政治中，不論是政府約聘僱／職工／臨時勞力派遣／官方基金會……等等的人事任用，小至清潔隊員、大至執行長，都可能成爲政治酬庸的分配，也都是選民服務的一部分。因此，不管是沒工作想取得工作機會，或是有工作想取得升遷機會，都得去「喬一下」，變成公門不能說但人盡皆知的祕密。

□

某位市長候選人在某次大選前曾公開表示：「我從來不曾要求府內同仁投票給我，但是各局局長是我任命的，他們當然要支持我。」這句話，聽起來非常中肯，民選長官必須建立貫徹施政理念的行政團隊無可厚非，但是如果因爲政治裙帶關係應運而生的派官文化進入常任文官系統，又會是如何呢？

二〇一四年大選過後，許多縣市由藍轉綠，部分縣市局處首長遭大幅更動，這本是政治常態。但當政治力量進入局處副首長以下的事務官調動時，會造成原本鐵飯碗制度設立時文官應遵循的「行政中立」初衷遭到摧毀。

曾經有一陣子，觀察到不符常態的人事異動，九職等以上官員頻頻更動，有些人被特殊拔擢，短時間內迅速躍升。當時整個氛圍是，只要願意配合鈞長意志者，就有升官機會，否則就是被調離。這樣的情況下，既有的公務倫理不見了，因爲本來是下屬卻突然間變成了長官，專業官僚反被門外漢領導。當時比較離譜的情況是，有下屬挾著與高層及媒體關係良好，直接拿著黑函及人事異動簽呈向直屬長官恐嚇：「如果不同意蓋章，明天關於你的黑函內容就會出現在報紙上」。後來，這位下屬果眞成功逼退長官。

當文官系統變成如此，本分認眞做事的文官士氣遭受打擊，整個政治文化就變了調，本來應該行政中立的公僕，變成爲特定政客效忠的私人資產。於是，政治凌駕行政，關係凌駕專業，立意良好的政策，執行起來像被輻射照過一般的畸形。媒體美化妝點後，輻射竟還成了佛光。

這種「內鬥內行，外鬥外行」的情況，就是文官體制歷久不振的原因。精於人事鬥爭者，耗費所有心力排除競爭者，但實事求是的戰將，卻需要將大部分精力用於強化自己的能力與施政理念。鬥爭

再一次的政黨輪替，新政府應注意的事

第一次政黨輪替，陳水扁政府亟欲改革，但忽略了行政體系改革的漸進特性，認為從上而下風行草偃可達效果。但是，當初任命之政務官對行政體系運作不熟悉，對於常任文官之處境缺乏同理，心態上認為文官效能不彰，開始導入績效考核的概念。又空降的政務官對行政業務並不熟悉，卻欲建立權威，原本專業領域學有專精的文官，突然被許多行政指導及考核介入，導致「外行領導內行」，常任文官尊嚴不再。

原本省政府有一套專業人才的養成辦法，每年編列預算送優秀公務員出國進修；廢省後，這套人才養成的模式並未延續，雖然每年還是有「行政院所屬各機關公務人員出國進修計畫」，但碩士年限僅一年，博士僅三年，對於申請出國進修的公務員有不小的壓力。進修回國後，還是得面對行政重重枷鎖、專業難以施展的老問題，讓不少公務員寧願直接辭職進修。

行政改革的本質，還是在「人才」本身。如何創造出專業優先、彈性有發揮空間的行政環境，讓人才能看到願景，而非被層層疊疊的架構、審計制度及研考文件弄得槁木死灰，是新政府應該協助解決的問題。

此外，中階文官主管經歷這些年的政治惡鬥，早已抱持「政務官如過客、政策隨人走」的概念，對於政策落實的堅持早已失去信心。因此，如何讓政策及制度延續，找回文官的使命感，是新政府要努力的地方。

的現實，卻逼著戰將只有兩個選擇：被鬥倒走人，或是轉身內鬥變成贏家。倖存者不是權謀者，就得變身成權謀者，結果必然犧牲的是能力與競爭力。這種人事鬥爭演變到最後，一個組織中最高層的一批人，實際上卻可能是專業能力最差的。在前幾年，不斷跳針、答非所問、邏輯混亂的官員，比比皆是。他們的關係良好，話術一流，但都把焦點放在自身權力競逐上。

行政裁量的自由心證

專業角色逐漸失去的結果，公務員轉型成爲寫招標計畫的高手。然而，因近年來考公務員成爲顯學，許多畢業生出社會的第一份工作便是公務員。沒有業界經驗，在標案撰寫時必然會遇到瓶頸，尤其是工程標案，缺乏現場經驗的承辦人，必須倚賴廠商提供相關材料規格、價格、數量、設計圖等作參考，自然而然就會與特定廠商交好。

另外，與產業界互動密切的單位，長年與業者進行市場情報交換、管理措施意見交換，政策擬定前也需要找業者了解業界反應，所以難免會與某些廠商走得較近。排除實質的利益交換，在台灣政通商的情況下，這些和產業密切的官員能夠上到一定位置，必然需要掌握業界大老們的心性，避免政策對於這些產業衝擊太大。而官員本身也因進退得宜、廣結善緣，在晉升之路上相形助益。可以說，某些隱含在圖利行爲定義之外的人脈關係，在這樣的模糊地帶被滿足了。原本作爲管理手段的政策工具，卻提供了鞏固權力的附加價值。

這種遊走模糊地帶的自由心證，在資訊不透明的狀況下，特別容易產生。比方說：我們的漁業管理。因爲漁獲資料蒐集困難，不確定性很高，造成官員進行管理時經常難以判定業者塡報資料合理與否。這種情況下，高度依賴行政裁量去認定，就有很大的迴旋空間。

資源管理本來應該是與科學資料高度相關的，要有足夠的資訊，才能知道哪些魚類資源不足了，要設定捕撈限制量或限定漁業捕撈期間。然而，要調查海裡的生物資源是很困難的，很多資料來源必須藉由漁船提供。因此，漁獲資料是否確實申報，就是漁業資源能否妥善管理的基礎。漁政單位有漁業年報，呈現每年各種水產捕撈的產量資訊，學術界進行資源評估時，也是參考年報中的資訊跑模式確認水產的資源狀況，再去制定總量管制，或是針對捕撈季節限制，或是體型大小限制的捕撈管制措施。

不過，台灣在漁業管理的態度上，一向採取槍口一致對外的作法。怎麼說呢？當國外有要求，我們才會配合性申報，所以台灣資源評估資料較齊全的，是遠洋漁業。反而台灣沿近海漁業資料一直未能落實申報，直至二〇一五年漁業署才發布「卸魚聲明書申報管理規定」（二〇一六年實施）。

二〇〇五年，台灣大目鮪魚的捕撈配額遭到大西洋鮪類資源保育國際委員會（ＩＣＣＡＴ）砍了百分之七十，原因是台灣漁船僞造捕撈資料。二〇一五年，台灣遠洋漁業又因爲未妥善管理「非法、未報告、不受規範漁業」（Illegal, Unreported, Unregulated，簡稱ＩＵＵ）的漁船，而遭到歐盟舉黃牌，若六個月內未改善會遭到貿易制裁。

台灣漁獲資料未誠實申報的情況，熟知內情的人都清楚。其實，遠洋漁業配合國際漁業組織的規範，必須達成一定比率的船隻上需有觀察員進行漁獲資料的登錄，所以漁獲資料申報還有一定的可信度。然而，跟台灣糧食自主率直接相關的沿近海漁業，漁獲資料一直都「假假的」，近兩年基隆區漁會自發性落實漁獲申報，突然發現某些漁獲是過去的好幾倍，難道是漁業資源突然變好了嗎？當然不是，而是過去申報的資料相當不完全造成的落差。

二〇一六年七月開始，在指定二十四處港口，十噸以上漁船須強制塡寫卸魚聲明書，二〇一七年各港口將全面實施「卸魚聲明書申報管理規定」。這樣的政策當然是好的，至於漁獲資料能否確實申報，關鍵還是在地方漁會的執行。然而，各區漁會是地方政治勢力的延伸，漁業管理單位在處理上得小心謹慎，台灣行政部門不容易之處，即在於政治往往會凌駕專業。

我們需要大格局的智庫

過去省政府時代，省府擔任中央政府與地方政府間的溝通橋梁，同時也協助地方政府進行規劃。當時，政府為了吸收其他國家的發展經驗，有計畫地派遣優秀的文官出國受訓，這些人回來後，成為政府重要的政務官及事務官，因為看過國外環境，有著不同的視野。

但近年來，這種計畫性栽培的風氣不見了，即使自行規劃留學者，回國後亦不見得有發揮空間。曾經有朋友說，在政府工作沒有成就感，**「因為這些事，好像不管誰來做都一樣」**。政府中的專業與視野逐漸消失。省政府時代，中央與地方政府透過省政府做連結，因此中央政策規劃上，能考量到地方執行的困難點，省府官員了解地方的文化特性，也了解產業特性，制定出的政策與現實條件較為貼近。然而，現行中央政府忙於瑣事，如果出差到南部，常常當天就得返回台北，對於地方的理解有限，也造成政策面與執行面的落差。

再加上一顆老鼠屎壞了一鍋粥的效應，某些拿公帑出國考察卻行玩樂之實的案例被揭發，造成近年公務員出國的氛圍敏感，政府要派人出去得經過審計審核，還得避開「出國爽」的輿論。如果，我們不能送人出去，那把國外人才找進來總行吧？台灣真的很需要一個跨領域的智庫，智庫的組成，除了國內專家，最好聘用各領域中實務經驗豐富的國外人士。比方說新加坡，他們高薪挖角各國人才進入政府組織，才能打開視野，把政府帶入企業經營的模式。然而，困難的是，本來就得高薪才請得動的人才好不容易點頭，但是媒體又可能製造「政府花大錢養外國肥貓」的輿論，讓政府站也不是坐也不是。

除了人才的導入之外，我們很需要行政中立的科學諮詢委員會。有一次參加漁業署辦的台日專家座談，日本代表表示他們水產廳在制定漁業政策時，是以長期資源監測資料得到的模型作為參考來訂定。日本水產總合研究中心為首的幾十個國家級和地方及研究機構進行長期性調查，根據不同魚種的生態習性、洄游方式、評估族群量、經濟價值等資料，來建立最大持續生產量（MSY）及最大經濟生產量模型（MEY），以此作為管理依據，而各魚種的增殖放流亦須通過嚴謹的科學評估後才能進行。

印象很深的是，當時與談的國內代表揶揄說：「日本人果然一板一眼，台灣的話是先看政府政策是什麼，再委託做研究，研究是做來支持政策，不是拿來評估政策的。」台灣的學術資源與國外相比較為稀薄，部分學術單位滿倚賴政府提供的委託研究款。然而，這些受政府委託的研究案因此背負了科學求真求是「之外」的責任，一旦做出的研究成果與政府政策相違背，很可能明年就拿不到委託研究案。再來，台灣很小，有些官員學者彼此間是學長學弟的關係，在人情至上的華人文化中，即使意見相左也不太好堅持，原本應該作為管理政策參考的科學資訊，在談笑中就被「河蟹」（和諧）了。

日本人其實也不見得能這麼理性的就事論事，但他們為了提升科學在政策擬定上的重要性及公正性，制定出「科學家政策諮詢委員會」，所組成的科學家必須經由嚴謹的推薦程序，**並且擔任諮詢委員者，在規定年限內不能承接政府計畫案**。這樣的方式，除了確保科學研究的中立性，也建立科學委員在政策建議上的權威。

12 忙於事後補救的政府

在亡羊補牢的迴圈中打滾

公務員忙於應付媒體風向、民代要求、履約糾紛、研考報表等瑣碎的事情，政策執行有問題時，下對上的反應管道又是不順暢的，結果應該要防患於未然的政策未被擬定，源頭防範的工作沒做好，造成負向的迴圈——大家永遠只能埋首於末端的事後補救。最近的例子是登革熱。

台灣在一九八七年首次登革熱流行，一九八八年出現上千例登革熱個案後，開始對登革熱病媒進行監測及清除，讓之後幾年疫情獲得控制，直到二〇〇二年又爆發大流行，接下來每年都有幾百例，頂多一千多例的病例。二〇一四年，突然爆發大規模的登革然傳染，從過去每年平均數百個案例，突然瞬間激增到上萬例。其中大部分集中於高雄，專家說可能跟八一氣爆後防疫人力分散，加上震後建築龜裂及附近坑洞積水難處理有關。

然而，在八一氣爆之前，其實在五月就已發生首位「本土性登革熱」病例，再往南的菲律賓、泰國，也同樣陷入登革熱大規模爆發的情況。就連過去六十九年來不曾發生過登革熱案例的日本，也在二〇一四年八月出現首次「本土登革熱」的疫情。可以推論這是氣候變暖，讓蚊子的繁殖成功率增加，同時也將範圍往北遷移了。

不過，二〇一四年疫情爆發後，高雄市以傳統噴灑藥劑的方式進行防疫，疫情不斷擴大之後，開始有住戶反映噴藥效果不好，可能是蚊子已產生抗藥性，接著有學者提出以劍水蚤的生物防治方式滅蚊，但因事出突然，劍水蚤培養的速度趕不上病媒蚊孳生的速度，因而無法採用這種方式。在疫情幾乎失控的情況下，花媽幕僚想出以海水沖灌下水道滅蚊的作法，似乎產生了短期效果，配合隨之而來的冬季氣溫降低後，蚊子活動趨緩，登革熱疫情也降下來。

隔年秋天，登革熱再度爆發，這次燒到台南，賴神變成賴鬼，一樣動員國軍化兵進入傳染熱區大量噴灑藥劑。但有專家指出，直接進入熱點中心噴灑的作法，只是讓病媒蚊從疫區擴散出去，正確的方式應該是在熱點周圍蚊子尚未擴散到的邊緣區域進行噴灑，才能有效隔離疫區。另有學者表示，在生態學角度上，噴藥讓捕食蚊子的動物（如：蜘蛛、壁虎、魚）一同被消滅，但蚊子族群回復速度較快，蜘蛛、壁虎等天敵卻回不來了，造成噴藥當下好像有效，但後續卻衍生更嚴重的情況。

回頭想整個處理過程，在疫情不斷擴散前，衛福部疾管署對於登革熱的各種防治方案的成效評估並未著力太多，以至於等到疫情失控，只能做緊急噴藥處理。然而，根本無法確定其成效如何，是否對疫情控制有幫助。

十幾年來，中央研究單位亦未投注心力在登革熱的傳染病防治及疫苗研發上。直到疫情爆發，才開始規劃在高雄成立「登革熱研究中心」，相對來說，一直以來沒有疫情的日本，早在幾年前就派員來台灣學習登革熱的防治經驗，當二〇一四年真的發生本土性登革熱時，就能在第一時間擬定防疫計畫。比較起來，台灣人天性好像比較樂觀，有種「時到時擔當」的豪邁！

豪邁展現之處，就是我們真的很不跟財團計較，照理說，賺得多應該繳得多，但在台灣，一般人繳稅的稅率遠比石化業、電子業還高得多，加上政府祭出的種種水電補貼、土地優惠措施，以二〇一四年台塑集團的華亞科公司爲例，繳出的稅居然是負的！（所得稅費用負六十二億元，光是促產條例相關優惠就抵免超過三十億元的營所稅額。）而這些，都還沒有考量土地、水、空氣污染的外部成本，這些環境成本是從來沒有被考量在企業成本之內的！反正，先爭取開發再說，創造地方願景，獲得選票，然後，畫下漂亮的GDP曲線。

反正，當二十年後大家發現當初的願景原來是場幻影，GDP原來跟老百姓幸福無關時，當時的決策者都不在其位了。換來的，是公務員必須在第一線驗毒物殘留、驗水污染、驗土壤重金屬、驗空氣懸浮微粒，在老百姓的抗議聲中與財團的壓力下找到生存之道，該不該裁罰？要不要勒令停工？在不斷的民衆檢舉、民代請託、廠商申訴中，無限地迴圈。不禁要問，當初是誰默許了農業區、河川上游這些工廠的興建？造成二十年後，下游的人們疲於奔命，輸了夢想，失了健康。

□

另外，我們對於營造業也相當寬容，都市發展了三十年後，當初興建的大樓紛紛跑出毛病，尤其外牆磁磚、石材剝落後砸傷路人的事件近年來層出不窮，各都市開始針對大樓外牆進行安檢，北市還訂出「台北市建築物外牆安全暫行管理辦法」，台中則由都發局協調建物所有人及管委會進行限期修繕。但是，許多當初承建的營造商早已不在了，許多營造業者趁著房市好的時候進場，蓋完賣完就閃人，他們哪裡關心三十年後建物的情況。而這些外牆、公共空間的維護都是龐大支出，如果當初興建時有預留緊急預備金還可從中支付，沒有的話，就得由大樓管委會負擔。每個月繳的管理費，就拿去做這些使用了。

回過頭來想，這些建物老化的維護費用，是住戶該負擔的嗎？日本的作法，在營造公司申請興建的同時，就要求提出一份三十年的營運管理計畫。裡頭包含建物外壁、屋頂、排水、空調、電氣、消防、結構物，甚至連牆的定期診斷及維修服務，需要編列多少經費做檢測及更新，都清清楚楚地寫在計畫書內；時間到了，就按計畫付錢維護，對於住戶及周邊使用人來說，都很有保障！買了一棟房子，是買接下來三十年的心安。

這樣的安心成居在台灣幾不可得，老舊大樓連修個電梯都要吵半天，二、三樓說我沒使用所以不付錢，新住戶說我剛搬進來之前沒用所以跟我無關，結果就一直拖拖拖，等到管委會有錢再說……這不就是在最開始、源頭的階段沒做好規劃而衍生的紛擾嗎？

如果政府在建築法規上能規範建商，在興建時就得提送長期營運的管理計畫，就不會有後續都發局需要派人一戶戶檢查大樓外牆的作業了，因為那是建商要定期負責檢修的啊！可惜，我們少有十年以上遠見的政策者，使得公務員必須在政客口沫橫飛的海市蜃樓中，不斷地收拾一頁又一頁的「歷史共業」。

那些前端規劃不善的政策，使得大家必須在末端忙於處理一顆又一顆的未爆彈。以登革熱來說，因爲對於防疫的基礎研究不夠，時到時擔當的結果，許多人勞心勞力投入噴藥的工作，畫面上看起來大家都很忙、很努力，但是實際上，眞的對疫情控制有幫助嗎？現場的工作人員，恐怕自己心裡也充滿了大問號（幸好，上位者看到了這樣的盲點，二〇一六年登革熱政策轉向，不再實施大規模噴藥，改爲生態防治策略）。

畫錯重點，問題無解

政府機關中，有些問題眞是老哏。比方說，年金改革；比方說，農業特定區的非法工廠、山坡地的非法民宿、國有林班地的違法茶（果）園；比方說，流浪犬的問題。

前幾個老哏，都是與某些特定族群直接利益相關，所以，處理上就不完全是行政部門公權力能執行的，還牽涉到背後許多的政治協調。政治問題要政治解決，就得看決策者有無魄力，能不能找到手段來解決。

以非法工廠、非法民宿來說，背後有產業群聚的壓力，因此，若非就地合法化，讓本來非法的變成合法的納管對象，就得透過輔導溝通的過程，讓非法業者搬遷。對於業者來說，當然希望就地合法，但是對於在工廠周邊的農田、下游的水源、民宿開發區下方的聚落、遊客的安全來說，都很有疑慮。

林地的違法茶（果）園則是辛酸血淚的另一章。早期政府鼓勵租用作爲農業生產的國有林地，後來因爲政策改變，林務局終止租約，但農民早已落地生根，要他們離開，眞的很強人所難。這樣的情景，在各山區都發生，基於水土保持的立場，這些國有林班地應該要收回管理，然而，農民年紀大了，要他們去哪裡呢？只能一步步找到適合他們搬遷、能夠供養自己的地方，再協助他們慢慢退場。這是需要時間來解決的問題。

而談到流浪動物的問題，更是沒有選票，所以常常狗吠火車。直到導演Raye拍了記錄收容所動物生活的紀錄片《十二夜》，加上日本作家片野ゆか出版了《我要牠們活下去》，描述熊本市收容中心用電子報、專文介紹每隻狗、與民間中途之家合作、成立訓犬教室、提高棄養收費等作法，將收容所安樂死數量逐步降低為零的過程後，國內各縣市趕在二〇一四大選前紛紛起而效尤，做出日後將朝零安樂死目標推動的政策宣示。農委會亦在二〇一五年二月修訂動物保護法，規定二〇一七年二月之後，各收容所除了特殊情況外不得宰殺。一時間，台灣的動物保護進程好像往前跳了一大步。

不過，不久後問題就來了，依據動物保護行政監督委員會的統計資料，某些實施零安樂死的縣市，犬貓在籠內死亡比率卻提高。即使沒有執行安樂死，很多動物卻死了，代表著沒有進行安樂死，但進入收容所的動物卻沒有減少，收容量提高，造成擁擠、互相攻擊、疾病傳染等情況——收容量增加，卻造成收容環境變差了。

除此之外，發生在陽明山國家公園的狀況是，陽明山國家公園管理處為了杜絕流浪犬貓在區內擴散，禁止在園區內餵養流浪動物。然而，動保團體認為沒有具體資料證明餵食行為會擴大流浪動物族群，要求陽管處與民間合作循序漸進解決餵食問題。

在台灣另一端，壽山國家自然公園為了解決區內山羌、白鼻心等野生動物遭流浪犬捕食的問題，連續委託民間單位進行園區內的流浪犬捕捉安置。第一年送到民間收容所收容，但第二年民間收容量已達飽和，於是委託高雄市動保處收容中心安置，但遭到高雄市關懷流浪動物協會的抗議，認為公立收容環境條件不好，應送民間收容所。

這些問題有個共同點，就是對於流浪動物處境的關照立場不同而產生的爭端。但這些問題的根源是：為什麼流浪動物會產生？除了飼主責任的觀念不足，未落實晶片登記（全國寵物晶片登記比例僅約三成左右），讓飼主可以輕易拋棄家中寵物之外，另一個源頭是：寵物繁殖市場。

寵物繁殖市場是個特殊產業，動物在這個產業中變成商品，殺頭的生意有人做，展示櫥窗上可愛的寵物背後，產生牠們的繁殖場是另個動物墳場。當本來是生物本能的繁殖行為變成商業生產線，動物福利在這裡成為遙不可及的夢。即使政府有「特定寵物業管理辦法」來規範業者對種犬繁殖的限制（十二月齡以上始可交配，母犬每兩年生產不得超過三胎，一生不得超過七胎，繁殖前應進行先天或遺傳性疾病檢查）。

然而，許多繁殖業者根本沒有合法登記，曾任職動保處的朋友說：「查核也只能查合法的，因為政府根本無法掌握非法繁殖場的確切資訊。」這樣的情況下，繁殖業者當然要偷偷地做。另外，以合法掩護非法的情況，也相當普遍。在法令上，台灣法令要求犬隻超過六個月才植入晶片，但允許幼犬貓在離乳後（約三十至四十五天）即可銷售；在植晶片之前，幼犬早就販售出去，令寵物管理難以從源頭進行。

地方政府的基層查核人員即便知道這種情況，但也無力改變整個產業結構，並且寵物業管理只是動保業務其中一項，還有野生動物保育、保護區經營管理、動保觀念宣導等等身兼多項業務，承辦人根本沒有能量詳細盤查寵物業。

源頭管理沒有做好，卻要花費大量人力處理後端流浪動物的管理；基層動保及獸醫人力缺乏，卻貿然喊出收容所零安樂死政策，畫錯了重點而往往讓基層公務員疲於奔命，但問題並未解決，繼續在事後補救的迴圈中打滾。

外國人眼中「健忘」的台灣人

美國《富比士》（*Forbes*）網站駐台記者羅夫．眞寧斯（Ralph Jennings）撰文指出，「台灣缺乏政府機構嚴格把關；除非有人跳出來抱怨，否則很容易就馬虎行事。」然而，政府習慣反射性反應的結果，就是事件當下所有人都會跑來關心，但是，過了三個月之後，就不再有人去追蹤後續的改善。

以食品安全議題來說，近幾年食安新聞可以說是滾雪球般的一波接一波，但大家還記得最早的塑化劑事件嗎？消基會代表七十八名消費者向昱伸、賓漢等三十七家廠商求償七十八億，最後判決結果僅是一百二十萬。然而，另外一案，統一控告昱伸提供非法原料，最高法院最終判決是：昱伸須賠償統一一點三億。

這又再一次證明「衆人」不及「有管道的人」。

這種政府，卻也是衆人養成的。台灣民衆過去習慣將權利讓予「有管道的人」，僅在投票那天爲自己出一口氣，但是長期不注重議題，缺乏持續性追蹤的結果，很容易被政客操弄。特別是台灣的大衆媒體早已不是正義公器，淪爲有管道的人運作的工具之一。久而久之，媒體綜藝化，新聞不再取信於民，各家媒體的利益包裝在立場之下，想要聽見眞實的聲音變得很困難，龐雜資訊中，民衆感到莫衷一是，不知該相信什麼。這剛好是黑心商人及政客所希望的局面。越是混沌不明，越容易操控，獲利的空間就越大。

所以，當我們在抱怨政府怎麼「從頭爛到腳」時，卻忘了政治是衆人的事，民代理當是政治代理人，但我們卻不只讓他們代理，還把所有與自身相關的政治參與權利拱手讓出，然後再罵政客、官員不負責任。事實上，不負責任的，可能是自己。

消費市場也是如此，爲何這麼多黑心廠商仍可以一而再、再而三的橫行？當我們咒罵惡質廠商時，卻忘了這樣的市場機制是我們創造出來的，有買才有賣，我們曾經以實際行動支持認眞負責的生產者嗎？有試圖去了解產品背後的故事嗎？還是我們只看表面的包裝及牌子？消費者總是對「黑白」的事實「健忘」，讓黑心廠商有了肆無忌憚的理由。反正，只要經過設計、再包裝，所有產品都可重生。

這樣「黑白」不分的人情特質，也讓台灣政治重複淪爲藍綠的「顏色」之爭，也讓政客得以透過弱智媒體，遂行愚民政策，達成假大眾之名，行小眾之利的政治模式。

一切只因爲，即時安撫民意能帶來的選票，遠大於長遠擘劃的眞心，眞心換不到選票，只因我們「健忘」。健忘的病徵，除了一邊罵黑心廠商，一邊排隊買促銷食品之外，更巨大的，我們連重大天災的教訓都可以遺忘。

□

二〇〇九年八八風災造成許多同胞流離失所、家破人亡，當時小林村民及環保團體指控「曾文水庫越域引水工程」是造成大規模崩塌的原因。但高雄地檢署在隔年八月宣告小林村滅村是天災造成，沒有人爲疏失。

然而，依據許多資料顯示，引水工程的確改變了當地三條主要溪流的水文生態，即使沒有直接對掩埋小林村，也對鄰近的桃源鄉勤和村、那瑪夏民族村造成嚴重影響。直到現在，桃源鄉勤和等三個村，還是每逢雨季聯外交通必定中斷，被困個三五天是正常的事。

二〇一三年十二月內政部公布「清境風景特定區災害潛勢套疊示意圖」，約有百分之七十五的土地達坡度百分之三十以上，屬中高災害風險地區，且屬中央地調所判定之地質災害高潛勢地區。然而，這樣以科學爲基礎的防災資訊，遭遇到地方政治，卻也只能參考用。地方政府礙於選票因素，認爲只是存在潛在風險，沒有明確的滑動證據，「業者要生存，要有明確證據才能行政處置」；但誰都知道，等到崩塌來臨，就不是防災，而是救災了。只怕到時，還得花上一筆經費做國賠。

相同的情境，在廬山溫泉區同樣發生，二〇〇八年辛樂克颱風來襲時，廬山溫泉區七層樓高的綺麗飯店當著衆人的面，硬生生倒在泥流中；二〇一一年，地調所公告廬山溫泉區爲地質敏感區，南投縣政府隔年決定廢除廬山溫泉區，不過新縣長上任後，一度想恢復廬山溫泉區，更在協調會時反駁專家意見：「廬山不可能像小林村一樣整片崩落」。

再回到食品安全上，經過一連串食安事件，消費者開始有自覺，必須追蹤食品的來源，包含是否合法添加、是否藥物殘留超標，媒體也扮演著重要的食安小尖兵。但是，再往上追溯更源頭的地方：我們每天喝的水又是如何呢？

二〇一五年八月蘇迪勒颱風在大台北地區帶來豪雨，南勢溪成爲滾滾黃河，翡翠水庫也泥黃一片，政治人物這時才想到，又「再一次」提起水庫上游水土保持的問題。但在那之前，水保局才剛提出的《水土保持法修正案》，要放寬百分之八十三的水庫集水區可以開發。當水庫集水區被開發成度假村，上游森林被砍伐改種植經濟作物時，流進水庫的可不只是泥巴，還有遊憩廢水、除草劑、化學肥料。

只是，這些開發步驟都很低調。媒體不報、政府不講，人民怎會知道？更悲傷的是，有些事人民都知道了，但還是繼續去這些滿目瘡痍的開發地區消費，一面上網搜尋山景第一排的度假飯店，一面罵山坡地過度開發。這樣的小確幸，已經造成大幹八。

關於集水區開發案是怎麼一步過，步步過的

第一步：修水保法，讓水庫集水區從「特定水土保持區」中解編。

第二步：修正《開發行為應實施環境影響評估細目及範圍認定標準》，讓位於集水區一定面積以下之開發案，由目的事業主管機關或當地主管機關認定。

第三步：財團委託地方議員，當開發申請程序或環評受阻時，議員會主動關切。

第三部

改變態度、整合資源

Reforms and Resources

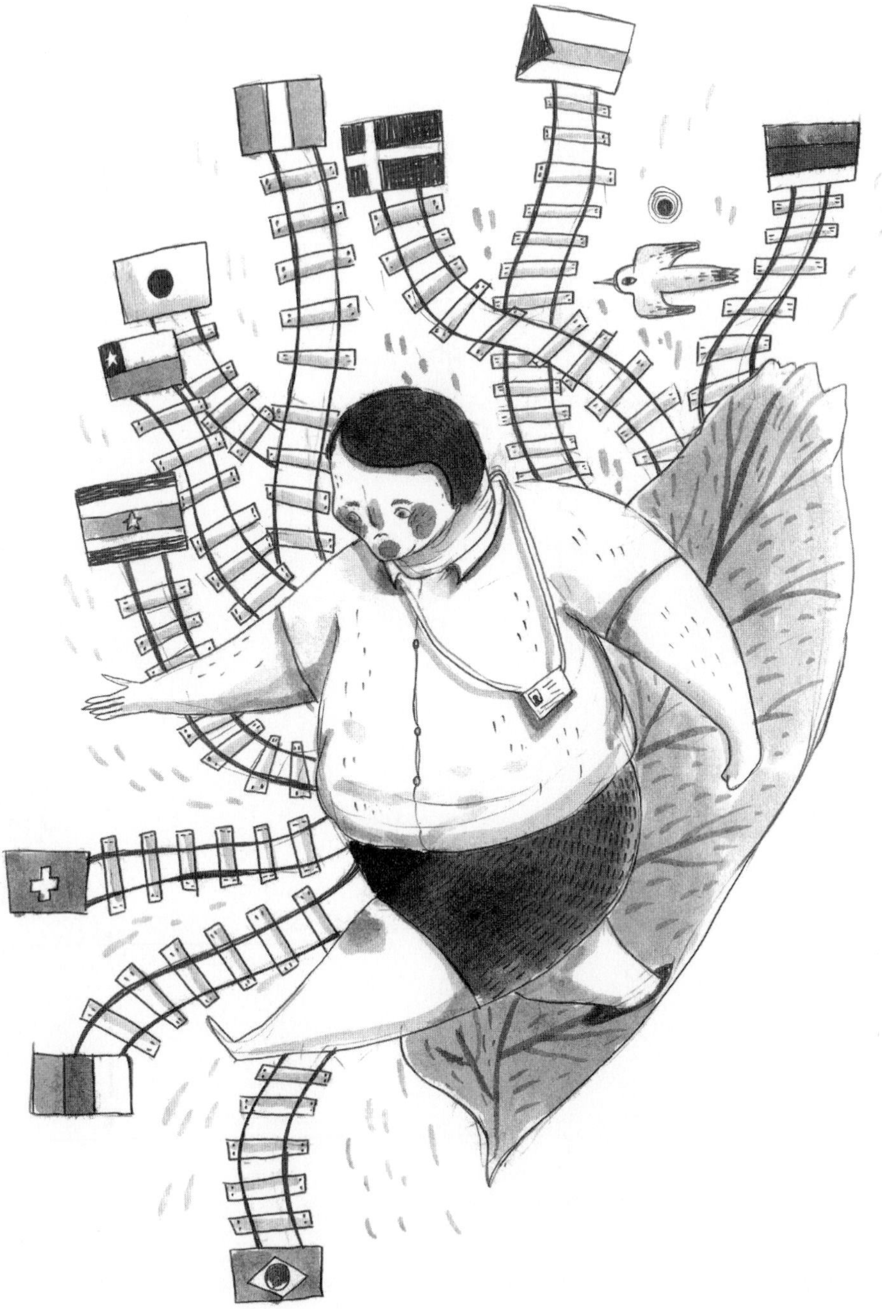

13 人才不設限，出走與接軌

向世界發聲！國際交流的體驗

台灣不斷喊著要國際接軌，可是我們的政府卻缺乏具國際交流能力的公僕。台灣不乏專業文官，但是在文官訓練的過程中，不容易培養出具備國際視野的專業人才。當語言受限、交流能力不足，再好的專業也無法在國際場合展現，也就不容易讓人對台灣留下印象。

有一陣子，單位跟國際組織簽訂了備忘錄，開始推動韌性城市、生物多樣性城市等與永續發展相關的工作。當行動方案進行了兩年多之後，國際組織的會員大會在韓國召開，市府由副市長率領兩位局長參加。

小小承辦人如我，當然沒有出國參加的份，但是我認爲，這個國際場合是展示台灣城市推動生態保育工作成果的好機會，所以請計畫委辦單位協助印製了生物多樣性宣傳海報及英文成果報告冊，請了自己的年休假，就出發參加了。爲何會願意自費自假參加這種會議？想想，是因爲當時的長官在業務上給予我很大的空間，否則，一般承辦人是不會有動機「花自己錢休自己假」參加這種會議的。

總之，就是報名了。

出發那天，在海關行李查驗處，打開包包拿出筆電手忙腳亂之際，有人叫住我。轉身一看，大事不妙，是一位朋友，但不妙的不是看見朋友，而是他身邊是甫卸任的前副市長。之前在某些公開場合及會議上遙望過他，但這一次是坐同一班飛機，並且，他正在我身後，等我通關檢查！當場只想趕快打包落荒而逃，他經過我身旁說了聲，「慢慢來，不要緊張」，語氣很溫暖，但我的緊張感不減。

下飛機時再次碰面了，在國外人不親土親吧，前副市長大大問我住哪。我當晚是住在一處位於小巷弄內的背包客棧，老實說我也不知道在哪，準備搭地鐵後再上路摸索。於是他說：「晚了，萬一你找不到怎麼辦，一起搭車吧！」就這樣，我有四十多分鐘可以「訪問」他一些關於國際交流的問題。

這一小段旅途，卻讓我對政治人物的印象有所改觀。

他說，因爲台灣用國家名義在外交上會有一些阻礙，所以透過城市對城市的交流，是一種突破的方式。但國際上要取得關係，必須是長期有互動，台灣要用政府名義加入國際組織並不容易，必須讓對方看到誠意與潛力，所以在國際場合上，設定好目標，認識關鍵人物，並且取得對話機會是相當重要的。

除了透過城市外交，台灣在環保議題上是相對領先的，如果先以城市名義加入國際環保組織，再透過組織的會員名義，就能取得在國際場域的發聲機會。舉例來說，「聯合國氣候變化綱要公約」（UNFCCC）的締約國大會上，台灣不屬於聯合國的一員，過去只能以觀察員身分參與，不能進入主會場，但透過「地方政府永續發展理事會」（ICLEI）會員「城市」的名義，就能在城市治理的會場有發表及發言的機會。

爲了取得這樣的會員城市的資格，前副市長在國際場合上不斷跟ICLEI總部祕書長爭取東亞訓練中心在台灣設立的機會。他自己說：「我個子比較小，常常要走快一點才跟得上人高腿長的祕書長，不過就是這樣，最後才總算得到機會。」

台灣在國際交流上的位置是相對弱勢，但國際人才的主動性卻可以是強勢的。如何在人潮洶湧的會場中，留意各方資訊，掌握對話及發言的機會相當重要。這種能力必須透過現場經驗的累積，以及長期人脈的建立，才能在當下做出即時的判斷，但台灣在目前的公務體制下，很難產出這樣的公務員。

那次的參與，的確感受到與過去公務出國參訪差異很大，參訪行程常常是一次性的互動，根本難以維繫關係。過去曾有長官提出與姐妹國家公園進行人員交換，互相派遣基層員工至對方單位進行一個月的工作實習。但是最後在高層長官及主計部門認爲沒有必要的情況下，根本連國門都踏不出去，也不用談什麼人員交換了。好不容易搭起的線，也就這樣斷了。但，出國參訪行程還是持續不斷，市井小民無從得知參訪的內容，唯一的方式是從官員繳交的出國報告窺知一二，但其實，這些出國報告很多都不是官員親手寫的。

出國參與會議，能促使公務員打開框架、提供不同的思考路徑。參與會議的過程中，除了有各國政府高層，也有許多其他國家的地方NGO組織，除了看到高度的政策宣言，也聽到很實際的第一線分享，更見識到韓國如何透過國際會議進行城市行銷；透過跟一些平常不可能同桌共餐的人對話，也會留下一些記憶深刻的片段。

那時候印象很深的是，因爲行程規劃很匆促，所以在出國前並沒有安排長官從旅館到會場的交通接駁。長官給的指令是：到現場看情況再想辦法。原本爲了這件事相當苦惱的隨行祕書，卻因爲前副市長大大的一句話而豁然開朗。他說：「誰說官員出國一定要搭車」，就這樣，大家開開心心的沿著清溪川散步到會場，好幾天都是這樣。長官們沒有搭車，卻也更能體會到會場之外的城市樣貌。

在地鐵附近的輕食麵店，聊到心目中對於長官、政治人物的刻板印象，他說：「誰說什麼人就該有什麼樣子，做自己才是最重要的」。或許，這句話不是第一次聽見，但藉由他的口中講出，就很不一樣。那次的經驗讓我覺得，自費自假出國參與會議相當值得。儘管，長官不見得鼓勵這樣的行爲，但若有這種機會，不妨鼓起勇氣報名吧！對於人生及公務生涯來說，都是很難得的經驗。

台灣前進的可能——改革態度

那次強烈地感受到，在一般外交狀況受阻時，藉由環境保護議題交流的外交方式，是提供台灣取得國際參與的一種途徑。雖然我們常抱怨台灣不注重環境，可是實際參與國際大會後，發覺台灣在許多地方都沒有落後太多，甚至更前瞻。只是人口密度太高，相對的環境條件嚴苛。

即使如此，我們還是能在先天限制下，找出自己的發展道路。參與韓國首爾的會議經驗中，感覺會場展示的綠能、太陽光電和節能技術，台灣都有。但是，卻沒辦法大規模整合及推動。簡短的觀察，是韓國會展產業的設計，經過創意元素的包裝，讓這些技術成爲消費者簡單易懂的概念，就比較能吸引人去了解這些看似生硬的議題。

除了能源整合，文創產業、網路金融、氣候變遷等新時代的議題，都得在嘗試中找出適合台灣的道路。零分到六十分，靠的是一股衝勁，那是過去快速成長期的台灣；現在要從六十分走到八十分，本來就困難。就像高普考一樣，要得到那關鍵的幾分，是要付出很大力氣的！往往找考上的學長姐、蒐集補習班講義、甚至每天上PTT關鍵字搜尋！就是要得到突破的關鍵點不是嗎？但在公務界，常聽到一句話，「那個很複雜很麻煩，過去沒有這種前例，等其他單位先做了再說」，眞的就扼殺了台灣往前走的可能！

魔鬼藏在細節中，但是，細節的處理，不就是得費心的地方嗎？這卻是台灣公務界最弱的，也造成需要細細品味、細緻處理的觀光、文創、影視產業在台灣很辛苦的地方。政府的行政慣性，根本與這些需要大量思考、創意及彈性的產業發展相違背。公務員花了太多心力在應付例行的行政工作，只爲了達成指標，但卻忘了思考指標數字背後的意義。好吧！即使國際競賽是一場考試好了，大家也是拚命在寫考卷吧！有誰會中途停下來數數看寫了幾個字啊！然後看別人寫了什麼，別人沒寫，我也不要寫。這種怯於嘗試、習於傳統的慣性，扼殺了台灣前進的可能。

長期來說，這些無謂消耗，讓政府逐漸失去理想性。即使談組織改造，各方熱中的還是在競逐人事的安插，我們還有機會能夠等到下一次的組織改造嗎？**組織改造的重要性在於，核心價值的改造，而非組織上的調整而已。簡單說，關於公務員的核心價值：社會責任感及心態，才是眞正需要改造的地方！**

某年的生日，許下一個願望：希望台灣行政制度能逐漸轉變，能夠讓有想法、願意投入改革的公務員，有發揮的場域。然後，營造一個可開放討論、能夠接受夢想存在的公務環境。

營造有利於國際事務人才發揮的條件

爲了減少行政阻力、創造彈性的運作空間，成立基金會是一種折衷的作法。尤其是國際交流這檔事，如果依照政府慣性來運作，恐怕許多機會都會不翼而飛。另外是台灣特殊的國際關係，許多場合不便以政府代表形式參與，因此，不論是地方政府或中央政府，透過基金會或協會的名義，進入國際會場上交流，是突破外交障礙的一種手法。

然而，這就涉及到由政府成立的民間組織運作上是否眞的能被充分授權，是否能突破預算運用的限制，另外，是否有合適的人才願意留在這樣的組織中，這些都是達成國際接軌成效的重要條件。想想，具備專業能力、外語能力不錯，又能在國際場合中有合宜應對的人，該值多少錢呢？答案是，這類型組織的人員，通常依照「約聘（僱）人員薪給支給標準表」來支薪，一位國際事務專員，比照公務員薦任六職等，大約是四萬多元，並且沒有升遷的管道。如果現實條件是這樣，對於一位充滿熱忱的國際事務人員來說，不斷地燃燒熱情，就是全部了。

但這樣的熱忱，在公部門中有時是吃力不討好的，政府中曾經有過國外生活經歷的公務員是少數，即使曾經出國受到思想上的激盪，在政府打滾幾年後，多半也失去了敢想敢夢的勇氣。一旦國際事務人員從國外找了些事情回來推動、找了些人來對談，卻可能很少人能意識到這種交流的意義，他們會認爲，找國外人士交流是沒事找事做，或者國外經驗不見得適用於台灣云云。

國際交流，需要深諳對方文化的國際事務人員，同時也得了解自身政府的組織文化，才能讓雙方溝通順暢。但能夠面面俱到的國際事務人才難尋，當忽略了其中一個面向時，就會出現令人錯愕的情況。曾經有位官方基金會的朋友爲了協助台灣城市在國際會場上取得發聲管道，卻因爲預算編列的出國員額不足，導致他無法公費出國，於是他便自發性募款籌得十萬元出國協助。這位朋友本身具備專業背景，加上外語流利，憑著多次參與國際會議與其他組織建立起伙伴關係，能在會場中即時掌握情況提供資訊，協助台灣代表與重要國際人士對話。

忙碌了一週，成功協助台灣登上好幾個 side events 的發表場合，受到幾個城市長官的推崇。不料回國後，卻收到來自高階長官指示要將他辭退的消息，理由是：「未能成功擔任與國際組織間的溝通橋梁」。但不久後，該國際組織回信，用嚴正的措詞表示，「與該員聯繫與合作良好，對於解聘的決定充滿負面觀感」。這中間的落差，推斷是朋友在某方面得罪了政府老闆。聽到這樣的消息，當下的感受是：我們對於國際人才的包容性，還是得再多一些。畢竟，要在兩種完全不同的組織文化中轉換，眞的不容易。

姑且不論國際交流是不是眞正豐厚了裡子，至少對於台灣來說，透過各種方式持續不斷地結交外國朋友、在國際場合曝光，才能確立政治實體的存在。不論國際上是否承認台灣是有別於對岸的民主國家，至少他們知道，台灣有著民主的體制，有著多元的文化，有山海相連的景致。他們會想來台灣看看，了解台灣，這才是外交的實體面貌。過去的台灣以傳統製造業、農業技術、半導體業、遠洋漁業等等創造自身的國際舞台。然而，未來要創造兩岸差異、必須更重視台灣在地文化的價值、民主素養的得來不易，以及培養公務員國際對話的能力，才能在國際場合證明台灣不同於中國的發展面向。

對自身文化的了解與自信

國際交流，有時不必遠求；當外國人來到台灣，就是展現服務價值的最好機會。

在南橫服務時，某天有位法國經濟學博士出現在管理處，外國人在南橫出現並不常見，八八風災後，連台灣遊客都少了，何況是外國人。但一大早，他就出現在人跡罕見的梅山遊客中心，問了梅山口之後路段的暢通情況，我跟他說明目前梅山口之後人車皆管制，要不要考慮搭車回頭走南迴，他笑笑地說：「沒關係，那先去闖關看看」。

果不其然，半小時之後，警察隊來電，說有一名外國人怒氣沖沖地坐在地上，要我去跟他溝通。

我一過去，他看到我態度稍微緩和，但還是忍不住的「What the fucking rule...」（什麼鳥規定），我只好趕緊解釋，「Taiwan's public servants always follow the rule...the guard has responsibility and can't make that risk.」（台灣公務員總是依法行政，警衛有他的職權在身，不能冒著風險放你進去。）雖然很想幫他，但礙於規定，也愛莫能助。溝通之後，他總算稍微釋懷。

聊了一陣子後，了解他來到台灣，原本想做的事情就是跨越中央山脈，原先打算走八通關古道，但因為時間上來不及申請入山許可，於是便轉念，搭了便車上到梅山口，希望可以從南橫過去。而他手中的地圖，並沒有說南橫已經管制通行。這時過去隱約的感覺又浮現出來，台灣的資訊系統，或許對外國人來說，是很不友善的。

在繼續的攀談中，我越發無法解釋，為何一條斷了三年的公路，在地圖上並未更新。又，深深佩服，在很多區域地名及觀光介紹都只有中文的情況下，能夠不畏艱難地踏上台灣的自助旅行者。佩服之外，也對他感到抱歉，除了台式英文的解說牌索引，台灣官網的旅遊資訊不清楚，對外籍遊客來說，只能從背包客棧去獲取資訊；部分國家公園及風景區管理處甚至無配置專任的外語人員。

當晚，我收留了這位跟我同年的法國博士，跟他聊了很多，我問他，「這些都是你安排好的嗎？

在出發之前，就已經決定好這些目的地了嗎？」他說：「我只是大概知道要往哪個方向，然後，就看會遇到什麼人，他們會告訴我關於他們家鄉附近的故事。如果我覺得有趣，他們也順路，那就是另一段旅程的開始。」

我說：「華人世界中，父母會鼓勵孩子朝向平穩的道路走去。」

他說，即使在法國也是如此，大部分人會選擇相對穩定的工作。「可是安全的路上，很難有精彩的故事，必須藉著冒險，在飢餓及疲憊的狀況下，才有最深刻的體驗。有些事情過目即忘，但是那些突發的、走岔路的、雪中送炭的，在艱難的旅程中，會一步步踏進腦海、一幕幕寫進回憶中。」

我感覺到，台灣總說自己小島國家缺乏故事，可是，這樣一個旅人在人煙罕至的南橫路上，卻也自己創造了許多故事。我們有多元的原住民族，有寒帶的高山，有熱帶的海洋，有荷蘭的古蹟，有日治時期到光復後的農村發展史，有傳統的信仰文化及現代的城市輪廓——我們，怎麼會沒有故事呢？在地的生活經驗及文化底蘊都是吸引人的元素，端看怎麼將它呈現出來。

然而，政府還是很在意遊客量的數字（曾經在一個永續發展的會議上，發現關於「文化資產保存」一項的績效指標居然是「風景區觀光人次」！），時常想要複製其他國家的人物、景象及展演方式。但，如果自己的文化、建築、傳統藝術形式都沒有受到尊重，別人又如何受到吸引，體會到台灣跟其他地方有何不同。比方說，我們喜歡日式動漫彩繪的農村牆面，喜歡希臘神話人物的雕刻，但那些都不屬於台灣啊！爲什麼彩繪的不能是農村生活曆歲時與布袋戲偶，雕刻的不能是媽祖像呢？

如果沒有在地的紋理元素，那麼，能吸引的也只有曾經在台灣有故事的日本人，以及對台灣有特殊情感及想望的陸客及港客。

政府眞的有人在乎國際接軌這件事嗎？還是大建設、大發展的思維持續侵蝕著台灣細緻的文化紋理？國際接軌的內涵，在於對自身的了解與自信，能告訴別人我是誰，這裡發生了什麼故事，然後產生對話的能力。國際化之前，我們有先尊重自己的文化嗎？

打造超越語言界限、有故事可說的國家

近年很流行「海外度假打工」，在年輕時期能有這樣的經驗是不錯的，但如果誤以爲出國打工就能換到語言能力、開拓視野，並且誤以爲出國就能夠解決人生問題，把出國本身當成一種成就，就大大失策了。

簡單地說，出國一趟回來，魚凱還是魚凱，還是字斟句酌的公務員，不會變成優游自得的魚，該面對的現實還是要面對。所以，對正徬徨的年輕人或是工作一段時間遭遇瓶頸的人建議：出國去看看吧！在我看來，是非常不負責任的。

光是旅行，方式就有千百種。跟團、半自助、自助、度假打工、志工旅行等等，旅行的方式不同，所到的地方、看到的人、對話方式自然有所差異。跟團可以全然放鬆，把所有一切都交給旅行社安排，只要不斷地放空跟吃東西就可以。但一趟旅程中除了購物商場、風景區的服務員，不見得有多少機會能夠接觸到在地人，更不用說停下來聊個三十分鐘了。

自助旅行的好處，是把生活延伸到另一個空間，不受到趕行程時間的限制，可以自由自在的逛街購物，也可以自行安排到一般遊客不會踏進的村落巷弄中穿梭。街坊上正在烤魚的老人、騎單車經過的年輕人，或是計程車司機，都可能成為旅途中短暫交談、了解在地眞實生活的片刻，這樣的片刻，能夠成為旅行中眞正理解他人、他鄉、他國的一種進入方式。

度假打工跟志工旅遊，除了理解，也介入在地人的生活。有別於匆匆一瞥，這樣的旅行方式會在特定地區待比較長的時間，可能會發現，原來國家對於在地人僅是一種抽象的概念，而他們眼中更重要的，不是行政區界，而是族群邊界。族群內的人、文化、生活、行爲所交集形成的那個領域空間，是實在的；而國家意識，對他們來說反而是遙遠的。所以當談論國際觀時應該要意識到，我們自己是否太空泛地想像這個辭彙。

另外，搭便車（Hitchhiker）、沙發衝浪（Coachsurfing），則是國外行之有年，但台灣近年才興起，另一種藉由共同生活體驗在地文化的方式。如果將這種「出門靠朋友」的旅行概念發揮到極致，只需買機票到當地，然後所有食衣住行都給當地人包了。透過共乘時聊天、到他人家裡借宿、幫忙做家事（有些也不需要）、共同用餐、參與家庭聚會等方式，在日常生活過程中就能體會到許多文化的衝擊，即使語言不好，從共同生活的經驗中，能體會到的就夠多了。

過去，我們都以爲，語言好才能做國際交流，但其實，這已先把自己限縮到「不會語言，就沒辦法溝通」的自我框架下。然後，更糟的是，我們以爲所謂的語言好，就是對英語/日語的熟悉……雖然說英語是目前國際會場上認可的官方共同語言，但是，英文說得好真的不代表言之有物，也不代表生活歷練豐富啊！可是，我們好像很容易會把語言能力與專業、閱歷做關聯性想像。

此外，台灣社會普遍還是存在一種「巴黎就是浪漫的象徵」、嚮往「希臘地中海式的婚禮」、感覺「此生必定要到倫敦飲一杯皇家紅茶」，把去歐美旅遊當作高尚的行爲，甚至，有些人以嫁給阿兜仔當成一種職志。到底是爲了什麼我們對英語好的人自動加五十分，然後把中英文夾雜使用當作一種專業的象徵？對於這種現象，能想到的形容詞，就是「近廟欺神」。明明我們的社會中有許許多多外籍移工，他們也是外國人，甚至英文也還不錯，但台灣人時常視而不見，避而遠之。

更離奇的現象是，我們對東南亞移工有嚴格的工作限制，限制他們來台須經由仲介，不准他們更換雇主，把他們當作潛在的犯罪者。然而，他們是對台灣長期照護、漁業、勞動等有重要貢獻的一群，卻被我們刻意忽略，而來台灣教教英文的西方人，卻被視爲上賓。然而，移工眞的會隨隨便便換老闆、不小心就犯罪嗎？還是，這是我們對他們文化不理解而衍生出的歧視，而這種歧視又形成彼此心理上的壓迫？本來，在我們身邊的東南亞鄰居，應該有很多唾手可得的國際交流機會，卻因爲不理解而被自我設限阻絕了。

如果，我們眞的想要打造台灣的國際化環境，應該先從消弭不理性的歧視以及理解自身文化開始，以免外國人問台灣有什麼特別的地方，只能想了半天好不容易說出：一〇一、小籠包。但其實我們生活元素中，就有許多台灣獨特的故事可以分享，比方說：都市頂樓擾人清夢的夜鷺、眷村的歷史、時節的民俗祭典、水果的生產方式、網路公民參與的形式等等。這些都得奠基於對環境的觀察及探究，建立對台灣的認識後，才能知道自己是誰，從何出發。

文化觀光該大於文化＋觀光

有一陣子觀光局請了木村拓哉拍了一部一分鐘左右行銷台灣的短片，短片中有幾個重要元素：芒果冰、小籠包及烏龍茶。廣告推出後，許多鐵粉讚嘆不已，表示觀光局能請動木村幫台灣拍廣告，眞是好棒棒！然而，也有些負面評價出現，其中主要爲人詬病的是：爲什麼只有吃？台灣除了吃之外，沒有別的觀光元素了嗎？

旅遊書上常提到：吃是認識一個地方最快速的方式。不能否認，吃是文化養成的一環，可延伸出許多文化層面的東西，但若只有吃，就顯得貧乏了。我們喜歡去不同的地方旅行，在地美食的吸引是一個動機，但絕對不只是爲了吃，而是希望有點「文化衝擊」。台灣的文化其實相當多元，我們可以帶遊客到花蓮七星潭體驗定置網漁場的起網過程、到台南後壁體會農村文化、到南投信義參加布農族的打耳祭；除了大景點之外，有更多代表台灣元素的地方。

因此，行政院曾研議將文化部與交通部觀光局合併，成為「文化及觀光部」，希望透過這樣的結合，讓觀光旅遊業的發展能夠導入文化層面的涵養。然而，多年來這個議題始終沒能實現。文化與觀光結合，文創產業與旅遊產業結合，在韓國及日本身上都能看到這樣的影子。然而，台灣在文化觀光的區塊，仍然屬於小衆市場。難道，文化與觀光的跨域合作有這麼難嗎？

有一次聽一位文化導覽員抱怨，表示他參與志工服務的單位，彼此互不往來，比方說：文化公車有三條線，文化遊艇有一條線，但同屬於文化業務範疇的兩個部門，彼此卻不相往來，以至於各做各的：文化公車的網站上，找不到文化遊艇的訊息；擔任文化遊艇解說員的志工，到了圖書館文化推廣部門卻不被理睬。想想，連小小文化部門內部都充滿了隔閡，如何要求觀光單位能與文化單位合作呢？

特別是，文化，這種與「人」高度相關的領域，必須融入許多在地的紋理及情感意識，如果還是秉持著以依法行政及績效指標當作最高指導原則，而將人的精神排除在外，那真的就只能滿足最基本的旅遊需求而已，談不上什麼旅遊文化。國外觀光客不會因為東西好吃而念念不忘，買了機票就是為了來吃東西這麼簡單。小籠包好吃、茶好喝，但這並非台灣獨有；遊客還可以到上海、江南吃傳統的小籠包，到日本京都學習細緻的品茶文化。我們習慣性地去看到別人有什麼，我們也要有什麼，但卻忘了去發掘那些我們所特有的。

聽聞朋友說，文化部在推動影視產業時，看到了韓國在數位科技的領先，所以投入大量資源在將影像製作數位化。不只推數位電視，還要求申請補助的影像公司要將製作的戲劇節目掛到手機４Ｇ系統上，然而卻忽略了戲劇本身的內容及品質，對於應該重視的內容創新層面，卻礙於法規限制而設下重重關卡。舉例說：當電視業者提出不同以往的企劃時，承辦人卻擔心難度偏高無法依合約按期執行完畢，因而否決了業者的補助申請。此外，觀光局在推展「高鐵—公車一日生活圈」的同時，卻沒有結合文化局推動的文化公車，除了跨部門資源整合的問題，根本還是在以遊客數量爲指標的前提下，很難去細緻琢磨，培養出一條值得細細品味的旅遊路線。

台灣人一窩蜂的習性能造就短期的觀光效應，像是黃色小鴨、一千六百隻紙貓熊藝術展等活動，在展出期間的確達到聚集人潮的效果，但台灣人自high自己捧場，外國人卻滿頭問號霧煞煞，搞不懂小鴨、貓熊跟台灣的關聯性是什麼？只留下台灣人很熱情、台北很熱鬧的印象。這是我們希望的觀光模式嗎？這樣的觀光模式又能維持多久？能吸引旅人留戀而重複造訪嗎？

想要國際接軌，讓世界看見台灣，得從內而外，讓台灣人自己先看見台灣，有了自我認同，再尋求他者的認同。國民教育中缺乏認識在地環境的教學、文化產業不靈活的法規制度、文化/觀光部門的整合不佳、對於東南亞族群的偏見與缺乏想像、公部門國際人才的養成，都是未來台灣走向國際社會的重要課題。

14 莫忘初衷——公務改革的核心，是人心

不能輕易察覺的改變

根據統計，台灣約有三十萬名公務員，二〇一五年高普考報名人數超過十一萬，錄取人數六千四百人，平均錄取率百分之八點五，錄取人數及錄取率都創下近二十年的新高。然而，許多人歡天喜地的擠進了這個窄門，卻不見得了解這扇門背後的世界。

套句職場達人常說的：「先了解這個行業，再決定要不要進來」，但爲什麼大家還不了解公門的模樣，就迫不及待地要進來修行了呢？

很多人說，進政府半年，大概就會遇到百分之五十的狀況；三年之後，大概可以掌握百分之九十。往後的二十五到三十年，就是依此模式不斷複製的過程，直到退休。

第一年擔任公務員的菜鳥，普遍是甫畢業或畢業三年內的社會新鮮人，經歷從學校圖書館苦讀，平均兩年的準備期後，進入公門的殿堂。一開始，是戰戰兢兢的觀察期，大概都有被告誡，要懂得察言觀色，少說多做，遵守公務倫理等等教誨。

接著，待退的公務員會拍一下菜鳥的肩說：「國家的未來都靠你了」，隨即領他到各課室走一遭然後說：「這是我們年輕的生力軍」。菜鳥有點驕傲，因爲自己在衆人之中脫穎而出，有點欣喜，因爲自己超過二十二K一大截。之後，慢慢感受到一些奇怪的氛圍，有點死板、有點繁瑣、有點失焦、有點摸不著頭緒。

所有的事情，照正常邏輯來看，不該是那麼思考的。在這裡，解決問題並非優先順位，如何依照行政規則把事情順利辦完，才是首要考量。剛開始，會有點疑惑、矛盾、鬱悶和不滿。但想到要在這個體系生存的時間還長，長輩有交代，人要知足，不要想太多。於是，不知不覺中，價值改造的工程於焉進行，在一次又一次的失落、選擇、跳脫、認知重建後，成爲習慣的模式。

這個第一年，有些不能輕易察覺的變化。對許多人來說，進公門或許是個人生的轉捩點，不論是有形身分的改變，或是無形價值觀上的轉念。

在門外的，殷殷切切地把破門而入當作人生目標；好不容易進門的，在一段時間的磨練後，逐漸明白這個場域的修身之道──把自己管好不要出錯，至於到底做了些什麼事，倒是其次，很容易就忘了自己是人民公僕的角色。這是一個很大的結構，融入了，就沒那麼大不了。「全身而退」才是圭臬。反正，大家都是這樣過來的，很少聽到公務員做到離職。有句諺語挺酸的，但也實在：「英國發明了一種新導彈，它不起作用，也不能被發射／開除（雙關語）──人們稱它為公僕。」（Britain has invented a new missile–it's called civil servant. It doesn't work and it can't be fired.）

身為專業的公文產生器，個人特質要收斂到最小，曾經在學校嶄露頭角的社團領袖，到了公門中逐漸變得溫良恭儉。能夠評價一位公務員的，是職系、年資、嘉獎、近五年考績等制式表格。至於個人簡要自述、人格特質的部分，是其次的參考。曾經在應徵別的單位時，檢附了公務生涯外的其他經歷，但好像也沒什麼人看。這種模板養成的方式，讓公門修行得越久、同質性越高。到最後，公務員成了一種代表特定集合的專有名詞，例如職業棒球中，若表現得不具精神戰力，便被說成「公務員」球隊。新進公務員不免抱怨：在政府中工作很沒成就感，因為我的工作好像換誰來做都可以。

逐漸同質化的過程

長期與NGO互動的過程中，看到許多具專業素養的組織工作者，對於公共議題的研究投入程度，其實比公務員還要用心許多。時常一場會議，民間組織準備的資料十分齊全，甚至抓出官方提出數據謬誤、造假的情況。平心而論，公務員的程度難道不如NGO？公務員可是來自各個領域、經過考場激烈比畫下脫穎而出的菁英，會有專業不足的問題嗎？

專業不會不足，可是那些學校教的專業知識，到了官場上，變得一文不值。長官有許多超越專業的考量，不是憨菜鳥想的那麼簡單。剛踏入公門的前半年，是充滿疑惑的，怎麼研究所時期訓練出的邏輯，在這個場域都不管用了。慢慢的，會去適應長官的邏輯，原來長官不是沒有邏輯，而是在「條件下」的邏輯。初生之犢，不懂那些潛在的條件，難怪覺得長官沒邏輯。

人有自我防衛機制，會讓一切疑惑逐漸釋懷，開始接受那些原本不解的預設條件。資深的公務員會說：「漸漸融入環境了吧？」表面上這是種稱讚，深入來看，卻是一種同質化的過程。公務員像昆蟲受費洛蒙吸引一般，往同一個方向走去，成為一個龐大的群體；在群體中，逐漸喪失個人特質，成為沒有分別的個體。

須知，沒有分別的個體最安全。這個體制，很難創造突出、出類拔萃、創意十足的人，因爲政府只求穩定，而不是效率，更不是突破。有時甚至會認爲，那些看似沒效率、層層疊疊的行政流程，除了責任分攤、分散風險外，還能保證大家有忙不完的工作。棘手的大事不能處理，至少要讓大家有瑣事可做？

繁重的行政工作，讓公務員無暇兼顧專業的提升，一些專業工作必須委外辦理，於是，公務員只負責掌握委辦案的運作時程，確保整個行政流程無瑕疵，減少違約違法的可能，許多的注意力及工作比重，放在條文解讀及履約爭議的裁量上。至於計畫本身是否有效益？產生多少正面的社會影響力？則因爲行政繁瑣而無暇顧及了。原本在學校的專業菁英，逐漸成了政府的行政機器。反正，長官也不要求你多有效率。能夠不犯錯，安安穩穩的辦結每個案子，就是好的公務員了。

久而久之，在以上潛在條件的運作下，思辨能力/專業能力已經是其次了，能不能體察上意，觀察風向，成了是否能往上攀升的要件。大家慣性地執行長官意志，至於個人想法，早已不是重點。整個公務氛圍，成了馬首是瞻，只有長官交辦的才會動，否則，就都不主動，喪失了「我們要比別的單位更好、要走在其他單位前面」這種求新求變的動能及榮譽感。

安穩的另一端，就是創造力的捨棄。也難怪，人民如此期待一個大破大立的柯P，但公務員卻「蚓咧等」，或是慶幸自己沒有在台北市！

「勇於突破的公務員」早就是稀有動物。

如何改變，喔不，或許是如何不被改變

要如何減緩在不知不覺中被同質化的速度呢？有個比較心理層面的方式是，想著可能有天會離開政府，所以先假設，到那一天時必須要具備什麼樣的工作技能，這樣在心態上，就不會覺得公職人生是穩穩當當的。

有時想，是不是這樣我就能跳脫傳統公務員的印象？但在一次獨立記者朱淑娟「捍衛正義」的分享會上，所有構築的自我保護心防還是被摧毀了。常常在某事件發生後，都會聽到「靠政府不如靠自己」、「從頭爛到腳」、「無能」等等的評論。身在其中的我，除了鎮靜地告訴自己，「他們說的不是我」，其實，真的還滿心虛的。

身在其中，能做的，卻眞的很少。

分享會上，受邀出席的許立民醫師（目前爲台北市社會局長）提到：「要把公務員當作一般人，他們也是想把事做好，也不想犯錯。所以，公民可以告訴他們哪裡錯了。」爲了工作尊嚴設起的防備心態，我想各行各業或多或少都有，被指正「你錯了，事實並不是這樣」對於每個人來說，第一時間都不會感到舒服。

公務界的老鳥會說：「不要急，要等待時機，一步一步來。」

民間組織中，存在兩種形態的改革。以環境團體爲例，一種像是地球公民基金會的方式，直接對議題衝擊，期望透過輿論、議題操作，造成直接的影響；另一種，就像荒野保護協會一直進行的「寧靜革命」，從生活觀念中，舉辦環教活動，達成對人心潛移默化的影響。

前者看似直接、衝擊力道強，可能直接看到改變。因此，有些團體對於後者倡議寧靜而緩慢的影響，會認爲是有些緩不濟急。急切的、遍地烽火的、分身乏術的、充滿張力甚至焦慮的步調——關心社會議題的人，或多或少都有這樣的焦慮。

但是政府潛在許多求安穩的基因，是無法用恐嚇、施壓、拍桌子等方式進行改革。尤其當身在其中，抱著「我不一樣」的心態，是有潛在危險的。就像共同防禦的北美野牛，某一離群的個體可能就是被犧牲的一個。而且，我甚至認爲在公務界中的「我不一樣」，比起其他行業的「我不一樣」，更顯突兀。

現在的公務員，已經沒有過去的閒散，加班是常有的事。如果拿掉政府的大帽子，或許公務員並沒有大家想像的那麼「公務員心態」，但要面對的行政程序的冗長、繁文縟節的包袱，卻讓公務員缺乏創新突破的勇氣，這卻是無庸置疑的。於是，在制度底下，要談革新，缺的不是大破大立，而是必須爲他們想好該有的配套，然後說服他們，可以這樣改變沒問題。

所有的體制外壓力，可能形成體制內革新的動力，但回到體制內的革新，卻是需要打破藩籬，在各個環節上做疏通。那不是「我跟你們不一樣」那種強烈的個人主義能去做到的事，反而，異中求同的緩慢溝通才能推動一丁點的改變。但由民間團體的角度來看，這種緩慢就會變成「沒有效率」、「反應差」、「無能」。這種評價，有時候的確令人挫折。

多年與政府交手的經歷後，許立民醫師強調，社會運動需要的是「認眞、專業、堅持」。在小人物的眼光看來，**要在政府裡推動一丁點改變，需要的是「忍耐、溝通、等待」。**

時時自省，等待時機

有時候，太過清醒，在政府裡是一種原罪。公務員做久了，都會知道有些事情急不來。不是說，多有熱情，辦事效率多好，事情就能如願推動。有些急性子的人，往往會在某些時候忍不住爆發，得罪了鄰兵或長官，這是兵家大忌。有心要造成改變，就得沉得住氣，耐得住急性子，找機會見縫插針，把事情偷偷往前推一把。

有位積極任事的長官，在某次出差的捷運上，我趁機問他對於政府某些該做的事情卻老是推不動的看法。他說：「我跟這個體制對抗了二十幾年，就是要想辦法，找機會說服那些抗拒改變的聲音。」他還說：「眞正要達成目標，不能強出頭，事情默默做就好，功勞要留給檯面上的人。」當時，這番話對我來說，眞是意味深遠，略微聞到那樣的味道，卻不是很清晰。

我常常覺得，政府好多事情都在做白工，好多事情都在做表面。因此到後來，我有了一套自我調適的方法，「當我覺得那是該做的，就盡力去做；當覺得那沒必要，或是超出公共事務的範疇（例如：長官個人表現或公關），就會抱持應付過去的心態」。這樣的作法，當然反映在我的考績上，不過反正我覺得沒差，在政府有固定薪水，能夠支持我在業餘之外的志趣發展，就好了。除了我之外，我知道有些朋友也是類似的想法。他們在民間社團很活躍，但是在政府辦公室，就會保留三分。

不過，這樣的作法並不是沒有疑問的。有時候我會很懷疑自己，明明身在公部門，有那麼多的資源，卻不能期待在體制內有一番成就，而必須倚賴外在的世界來尋求成就感——到底這樣對不對？很無可奈何的，好像除此之外，別無他法。我又想起那位很想做事的長官說的：「能做的時候就趕快做，不能做時，就找別的事情做」。不過，在他的位階，可能有很多其他事情可做，但在小小的承辦人身上，似乎沒有那麼多的選擇。

只能等待。

有時候，業外的成就感超過本業時，就會萌生不如歸去的想法。一來，等於要花雙倍的力氣，上班時做正業，下班時還要做志業，蠟燭兩頭燒難免身心疲憊；二來，會想要試試看自己，是否有那樣的能耐，能夠回到民間自食其力。不過，通常在政府待得越久，心智被消磨的程度也越大，也越容易擺脫不了慣性，脫離不了舒適圈。所以，我會建議，如果在公務生涯初期發現這眞的不是自己想要的環境，或是覺得自己還有夢時，不妨脫韁而出、全力一搏試試吧！至少曾經試過，不會在老時後悔，如果當初……

但是，如果你對公共事務十分有興趣，那麼，也請別輕易脫韁而出。有朋友曾經語重心長地說：「與其離開，讓別人做你的工作，不見得能做得更好。何不留下來堅持看看，想辦法讓自己往上走，走到能夠充分發揮影響力的那個位置。」的確，公部門的預算像是天上掉下來的，不用到處找人募款、到處接計畫案就有錢可用。如果眞的能把預算發揮出資源的效益，會比在民間要推動任何事情輕鬆得多。到後來，我充分感受這句話的含義：**民間有推動改變的動力，但是，掌握改變的資源，還是在政府手上**。

公務人生怎麼走？這個問題，其實跟其他人生的命題一樣，都得看自己的個性、性格、需求、能力及想望來綜合評斷。沒有人能夠確切告訴我們答案，就連自己，可能都得在跌跌撞撞中不斷摸索。其實，不管在體制內繼續抱持希望，或在體制外尋求成就感，都好。只要別忘了有空時，記得自我審視一下是否快樂、是否心安理得、是否有觀照自己內心的需求。

另外，不要因爲一時的失落及無力感，就否定了接下來任何的可能性。在政府，永遠要做慢一拍的打算（通常急也沒用），做充足的準備，然後，等待時機。

年輕公務員是改革動能

曾經跟同梯的公務員朋友討論過，如果一個單位有一位充滿熱忱的新血，那麼他會如何？狀況一：可能在不斷的挫敗之後，選擇遠走他方；狀況二：可能在不斷的挫敗之後，選擇獨善其身；狀況三：可能在不斷的堅持下，逐漸改變單位風氣（但這種小蝦米成功的場景畢竟不多）。

如果，這些各單位的熱血能夠齊聚一堂呢？會不會有更大的機會造成改變？

有朋友機緣之下，曾經去政院部會一級首長辦公室擔任幕僚，那樣的環境聽說滿有活力，但這樣的集合畢竟不易長久。首長卸任後，幕僚們也各奔東西，回到原單位後，還是面對一連串的管考、施政計畫、效益分析、內部控制等作業，週期性地引燃他體內對體制的不滿。「這一切的資料整理，到底有誰會看？又改變了什麼？生命就這樣浪費了。」

柯P上任後，開始有些不同的作為，起初風行草偃，但大家都在觀察長期的發展。公務員早已習慣的文化，會因為一位有衝勁的首長而改變嗎？比較常聽到的是「啊，撐一下，等到換人就好了」。於是，我會覺得，新首長新氣象固然可期待，但年輕一輩的公務員才是改變整個政府習性的關鍵。如果在一開始的公務員訓練，能透過某些篩選，讓對公務服務眞正有熱情的新鮮人分配到各單位（尤其是需要跨領域整合的部門：如觀光部門&文化部門&交通部門、農業部門&環保部門&工業部門、森林部門&水利部門&海洋部門等等），成立協調推動業務創新的改革小組，並且給予充分的賦權，是不是比不斷喊著「行政革新」的口號更有「革心」成眞的可能？

菜鳥不死，莫忘初衷

談一下菜鳥。菜鳥是什麼？感覺缺乏經驗，容易被使來喚去的那種吧！但，如果我們一直都有菜鳥精神，保持謙虛，熱忱，學習的動機，是否也會創造出一個衝勁滿滿的社會？

鄭文堂導演說，他因為感到台灣社會越來越缺乏「初生之犢不畏虎」的精神，所以決定拍一部找回菜鳥精神的電影。

電影《菜鳥》是以一位年輕警察的視角，描寫警界老鳥在黑白兩道間遊走平衡界線的貪嗔，中年警察則選擇在自己能力範圍內去保護能保護的對象，但對於能力之外的那些不堪，則閉上眼睛選擇妥協。菜鳥呢？抱著對學長的崇拜進入警界，卻發現學長已在大環境的磨耗下，失落了當年的勇氣。原本也想要買房娶妻、有穩定生活的菜鳥，在內心對追求真相、正義感的驅動下，逐漸走入不可回頭的價值思辨之路。

我們或多或少都曾經想過，長官這樣交辦對嗎？但又有多少勇氣信心，能夠誠實地面對這種情境，然後試圖去尋求解決之道。或者，一步步成為荒謬高牆堆疊的磚，融為集體無感的一部分，化為當初自己很討厭的那種老鳥呢？最後，用一句「這就是社會，老了你就知道」來隱藏其實根本沒有理清過的自己？

希望菜鳥精神，不隨時代而消逝，看到的不平、缺陷越多，仍能不消滅當初的職志。「老兵不死，再創高峰」是一種退而不休，生命活力的延續；但「菜鳥不死，莫忘初衷」的精神，是不放棄希望，不滿足現狀而衍生出的改變動力，更是台灣現在所需要的。

導演說，他希望藉由這部片子，喚醒大家，基層也有許多在自己工作範圍堅守原則默默耕耘的人員，這些小小尖兵會成為大大的穩定能量。在某個感到疲憊的時刻看到這部片子，整個人在振奮、憤怒、希望、無奈的節奏迴圈中感受，新人期間心態的變化不也類似這樣？多麼貼近的心理場景！當下的想法是：誰來幫公務員也拍出一部像這樣「暗到深處有光明」，能激勵人心的電影啊！

對岸的七年級生副處長

有一段我在臉書上的po文，引發不少關於兩代之間常見衝突話題的討論：

我：有個XX朋友說……所以我覺得台灣未來滿危險的。

媽：XX朋友不要跟他接觸。

我：為什麼？

媽：反正不要碰政治就對了。

我：那公務員算不算碰政治？

媽：大家都是討一口飯吃而已，不要把自己的角色想得太重要。

我：所以公務員可以理直氣壯地說「我只是混口飯吃，不要要求我太多」？

媽：反正台灣政治惡鬥那麼久，我們還不是靠自己一步一腳印走到現在。

我：可是萬一你辛苦很久買的農地被政府徵收咧？

媽：反正到時候再說。

我：可是就是「到時候再說」，台灣現在才會變成二十二K這樣。

媽：啊，我們那時候連二十二K都沒有，還不是撐過來了。

我：嗯，可是貧富差距變大了。財團靠錢可以影響議會、立法院的政策賺到更多錢，勞工還是賺不到錢。

媽：啊這不是全世界都這樣？

我：所以不用改變？

媽：啊人民素質這樣，就選出這些人，兩黨惡鬥你要怎麼改變？

我：所以不要兩黨政治啊！而且需要公民參與。像這次選舉有綠黨、勞動黨、人民火大聯盟這些耶，不是只有兩黨。

爸：啊他們都沒做政策宣傳，我們怎麼知道。

我：嗯，因為他們沒錢，沒有政治獻金，所以沒辦法大規模宣傳。但是他們網路上有政見，也有在公園、車站、市場、百貨公司這些地方站肥皂箱演講。

爸：可是他們選不上。

我：……可是還是要慢慢努力啊！過去我們把政治全交給政府，把決策都給利益團體黑箱了。現在要公民參與，才能提升公民素質。美國、加拿大、荷蘭等等都是慢慢推動公民參與的，現在重大政策才有很多的公聽會讓公民可以參與決策。

爸：黑箱是台灣的特色（OS：!!）你們的公民參與，也是只看到部分的面向。而且你要怎麼知道得到的訊息都是真的，那些也都是從別人那邊聽來的不是？

我：所以我們訴求媒體引用資料要附上來源。而且我可以給你看《捍衛正義》這本書，看公民怎麼挖掘證據。

媽：你們這樣不是很辛苦？啊好好地顧好自己的事不好嗎？而且政治怎樣，也不會影響到老百姓的生活。

我：可是萬一被政治力介入，我要翻譯，有些書不能翻；我要寫作，有些文章不能寫，這不是跟我未來生活有關？連公視的董監事人事都被介入了。

媽：你怎麼知道未來會變那樣？那都你自己揣測的。

我：我只是不想二十年後，整天幹譙「政府怎麼變這樣」？

媽：啊不要只顧理想啦！肚子沒顧好什麼都不用談。

我：因為之前大家不管政治，所以大家現在只能顧肚子。

爸：你太偏激了。

媽：你被洗腦了。

我：靠北。

（靜默五秒）

我：所以你覺得政治很糟但都不用改變就對了？

媽：國父十次革命，你加油～

我：反正我下次拿小黨的候選人名單給你看就對了。

媽：你飯吃一吃啦。而且眼睛要直視才有說服力。

（一碗飯吃一個半小時，不斷翻白眼）

三一八學運時，有人說，這些學生是被有心人士利用了；有人說，好好的不念書跑出來參與政治活動；有人說，工作經驗都沒有談什麼產業問題。我們的社會一直以來充滿著對年輕人的不信任，一方面說他們是草莓族，一方面又希望他們乖乖的，不要意見太多。不過，三一八學運之後，這股由年輕熱血帶動的改變力量，渲染力超乎大人們的想像，甚至，讓柯文哲成為第一位非典型政治人物出身的台北市長。

接下來，台中市長林佳龍宣布由二十八歲的卓冠廷接任新聞局長，跌破不少人的眼鏡，不只老一輩質疑，一些在公務圈活動的年輕朋友也充滿問號。不過，不論是好是壞，至少宣告了一件事：年輕勢力參與公共事務的時代悄悄來臨。

過去，年輕人都會被叮嚀「少說多做」，會被提醒「不要急，熬久了就是你的」。台灣過去也經歷一段不短的時間，大家對政治是普遍冷感的。年輕人會覺得，不管誰來做都一樣，不需要投票，政治是政治人物的事情，政府有什麼重大決策跟我無關。然後，在這樣的狀況下，我們讓政治人物爲所欲爲，造就了台灣目前世代不正義，薪資低迷、土地不正義，房價高漲、勞工過勞、軍公教勞退基金都瀕臨破產的情況。

這樣的情況下，要年輕人不要急，「再等二十年就是你的」，這類的話，越來越沒說服力。台灣還有多少個二十年？

□

記得有一次去對岸參訪，到了成都的熊貓基地，對方派出解說教育部主任來接待。是位年輕的女生，對園區內貓熊的狀況非常熟稔，從野外族群的分布歷史開始談起、成都大熊貓繁育研究基地的成立緣由，再談到包含譜系建立、代理孕母、行爲研究等專業照養課題，以及整個園區經營管理策略；對於媒體行銷、企業認養、民眾教育以及國際形象等不同面向，都能談出一定的深度。當時台灣參訪團的長官對她很讚賞，還對她說：「這麼年輕就有大將之風，不簡單。」她則微笑淡淡地說：「磨久了自然能這樣。」

夜間用餐時，我們還私下討論，成都不愧是大城市，國際門面做得相當好，用年輕人來帶領解說教育部門，也滿有創意及活力。沒想到，接下來的行程中，我們見識到更多年輕人當頭的狀況。受到最大衝擊的，是在九寨溝風景名勝區管理局拜訪行程時，對方安排來隨車接待的是一位副處長。這位副處長比之前在成都熊貓中心的解說部主任更年輕，但因爲身分是副處長，我一開始也不好意思請教他私人問題。一直到第二天開始熟悉了之後，才問了他的年次，是一九八四年的，從復旦大學環境科學研究所畢業後考上公職，就被分發到九寨溝管理局，不久就提升爲副處長，掌管園區環境管理。

他的樣子還略顯生澀，但對於整個九寨溝的環境管理已經相當有想法，他說，跟學校學的還是有差距。一開始被分派到那麼大的風景區也不適應，不過因爲參與現地管理，在不同部門激盪之下，會有一些新的想法出現。我暗自想著，如果在台灣要當到風景區或國家公園的副處長層級，依照相關單位的人力流動狀況，應該是五十歲之後的事了，那時候不知道腦袋還能激盪出什麼？

當晚的晚宴，由九寨溝局長親自接待，猜猜是幾年次的？一九八一年的。但是外表老練圓滑的樣子，根本看不出來是個七年級生，而他管理的員工有將近五百人。只能說，那樣的位置造就了他的舞台，也練就出信心。

後來，我們才問他們，為什麼中國的官員都這麼年輕？原來，中國有規定，中高階的公務員五十歲就得離開管理職轉為顧問職，將舞台讓給年輕人，增加人力流動的循環速度，也創造出源源不絕的新興活力。我的思緒不禁又回到了台灣，五十歲的台灣公務員在做什麼呢？比較幸運的可能當到科長以上的管理階層，而大多數還在茫茫仕途中尋求往上攀升的管道。要不就是被卡在民代、長官間上下夾心餅乾的角色，搞到槁木死灰、只求平平安安退休。再往下的，則是在「不要急，做久了就是你的」的重複循環中，思考公務人生的意義。

不能輸在起跑點上

說眞的，政府不斷重複的談組織變革，但對於變革的基本單位：人，卻根本不重視。一位公務員被丟進文官訓練所，就開始進行一個「同質化」的流程，彷彿得去除個人特質，要將公務員統統變成「那個樣子」才符合一個標準化政府的形象。一進門就被鼓勵朝「小心謹慎、依法行政」的原則去發展，大家腦子裡根本都不存在求新求變的欲望了，組織怎麼可能變革？

政府中的組織變革喜歡談的是創新作爲、內部控制改善、行政流程簡化等等。但我認爲最該變革的其實是基本面的調整：打破傳統的公務認知。如果一開始就被教育要「自保、安全」，而不是談如何創造一個合作模式；如何創造公衆事務的服務熱忱；如何將「愛台灣」的口號落實在施政當中；如何激發大家對行政效率的想像，那麼，績效管理、變革管理、創新管理、優質服務等等，就會變成表面工夫。因爲，沒有最基礎的「人」願意去認眞思考這件事，大部分的「人」在文官訓練所就已經被「依法行政、全身而退」的思考框架給制約，不管是創新、變革還是突破，都只會是個名詞而已。框架帶來的靜摩擦力如此之大，以至於變革根本滾不動。

社會給公務員的評價，就是「穩定」，公務員從來不會跟「創新」有任何關聯性聯想。一方面是家長對於考公務員這件事的期待，就是希望子女圖個穩定，所以，公務員被賦予的個人角色，大抵上應該是能按時領薪水、準時上下班的好爸爸、好老婆，對於公共事務的態度及責任，是附加的。在這種前提下，文官訓練所自然也成爲延續補習教育的訓練體制，雖然政府不斷藉由各種方式要提升行政效率、進行績效評估，但從來沒有人會認爲政府是個有效率的組織，大家似乎也習慣了，反正政府就是沒效率。

常常在想，如果政府是間大公司，繳稅的民眾都該是股東，但爲何大家在意的是處心積慮要將子女送進這間大公司，而不是在意這間公司的運作效率？對於這間公司的人才訓練及發展，也很少聞問，反正送得進去就好，只要公司不會倒。或是，一邊罵政府，一邊想把子女往裡面送。

小孩的教育不能輸在起跑點，公務員更是。許多年輕的公務員，從學校離開進入社會的第一站，就是政府。這些新能量的注入，應該是政府變革的動能才對，怎麼反而是活水注入了，卻像遭遇一攤更大的死水而進退兩難。政府要變革，先從文官訓練所人才培訓方式的改變開始吧！修正那些不合時宜、背誦式的教材，多些討論及互動，導入眞正能激發人心的活動式課程！爲何公務員不能是個有活力、具理想性的行業呢？

如果新政府真的要創造一個年輕人能實踐夢想的台灣，要做的事：

1. **擺脫數字研考的思維，回到研考制度的設計初衷，應該不只是追蹤進度，而是要看問題解決了沒。**要達到真正的研考效果，應該釐清關鍵領域，接著清楚定義出亮點項目，在這些項目上持續追蹤，才不會在一堆數據中眼花撩亂。

2. **跳脫資源平均分配才不圖利特定團體、壓低價格才是好採購的思維。**比方說，以社區營造為例：一百萬丟到五十個社區，每個社區一年領兩萬，結果十年後，五十個社區還是什麼都沒有。對科技發展來說，政府一開始不願意投注新技術，省了錢，長期下來卻什麼都沒累積，倒不如選定重點，大力挹注資源。

3. **一定要打破中央—地方分治的情況，必須要有區域整合。**從國土規劃及區域發展的角度來進行各縣市的土地利用／產業／水資源／能源……規劃，民進黨已全面執政，必須打破派系問題，實際進行整合。

4. **各行政部門要打破本位主義的情況，必須要跨域整合。**對產業整合出單一窗口，讓一個政策延續五年以上；要產業升級，就要大膽地投入試驗，然後再行微調。如果不敢嘗試，什麼都要採用過去的作法，那還是新瓶舊酒。

5. **行政部門一定要打破過去的慣性文化。**最好能從中央開始，成立公務改革小組／跨域治理小組，由中生代／年輕公務員進入研討培訓，選擇有能力的公務員快速培養成中階以上主管，才能創造出不同的行政模式。

15 如何突破現狀，讓資源碰觸能量

溝通要訣——永遠眼中有別人

有一次，王小棣導演來對公務員演講，慕名而來的聽衆將三百人的演講廳幾乎坐滿。王小棣導演的戲是相當能反映台灣社會現況的，包括《大醫院小醫師》（醫護）、《赴宴》（山林保育／原住民）、《波麗士大人》（警察）、《刺蝟男孩》（更生人）及近期的《長不大的爸爸》（酪農／獸醫）等等。樸實中帶有快節奏的戲劇張力，以寫實的手法來描寫社會間不同階層／職業的潛在樣貌。透過觀影的方式，觀衆可以在短時間感受不同領域的小人物所面對的問題及衝突，並且在時間演進的軸線上，看到了各種生命形式。對於不同族群來說，有感動、也有互相理解的元素。

那天他來演講，談到文化工作在公部門受到的限制。文化部是過去文建會與新聞局的結合，但新聞局上來的公務員，不見得能理解文化推廣的內涵。有個案子《閱讀時光》是要將台灣文學作品以短片呈現，除了向這些作家致敬，也讓觀者在短短的片刻中，感受到台灣文學的吸引力，然後去圖書館拾起這些略微泛黃或已絕版的文學作品。

在短片製作過程中，小棣導演面對的是要將文學作品以影像傳達，在轉譯的過程中，當然需要經過許多討論，包括與作家及委託單位文化部的溝通，於是他希望能召開一場多方與談的會議。然而，當時文化部的承辦人認爲合約中並沒有提到需要召開這樣的會議，因此向導演建議不用開。但影像創作如果只依據合約白紙黑字的操作，那是非常不符合創作精神與這個《閱讀時光》計畫的本意。因此，王小棣導演堅持要召開這個會議，否則就不繼續執行。即使當時合約已簽訂，不執行會有違約的問題，但導演打定主意，不惜違法，也要讓文化部看見這樣的問題。

後來，會議當然是開成了，但也已耗費許多無謂的能量。在過程中，小棣導演問了文化部承辦人三個問題：你關心這個案子嗎？你關心台灣文學是否被 promote 嗎？你關心能不能把這件事做好嗎？最後發現，很可能是他的長官從頭到尾都覺得這系列的短片不該是他們的業務，於是，授意簡單辦理就好，有拍出來就好，拍得如何，就不是重點了。當文化部人員心裡對本土文化認同感不足（或許私底下還比較喜歡好萊塢），如何去推廣台灣文學作品？而這種對於工作／服務價值認同與否的特質，在考試制度中，是完全無法顯示的。

那天，在王小棣導演演講結束後的問題時段，我語帶顫抖的問了他：「如果公門眞的對年輕的熱情是種消耗，那麼導演會建議年輕人離開政府嗎？」導演說，他無法回答，只能說不論在政府內或政府外，都不能放棄溝通。一旦放棄了溝通，把自己與外界隔出一道牆，那麼，不論多有心的人，都無法撼動一丁點的改變。他做了總結，「**溝通的要訣，就是眼中永遠有別人**」。

我想，不論在政府內、政府外，在任何地方，這句話都是受用的。然後，我再提了一個問題，「小棣導演，拍過這麼多不同職業人生的故事，有沒有想拍公務員的故事？」全場歡聲雷動。我想，公務員眞是很渴望被了解的，不希望被「一群米蟲」、「爽爽的」、「死板板不知變通」的刻板印象一竿子打翻。

那天之後，我就好奇，是否曾經有過以公務員爲腳本的電影或戲劇。其實是有的，被譽爲「電影界的莎士比亞」的日本導演黑澤明，在一九五二年就拍過以某城市民政課長爲主角的電影《生之慾》。這部影片開頭市民向副市長陳情社區排水問題，結果民政課請他找工務課、工務課請他找公園課，公園課又請他回去找民政課，引來全場大笑，原來，這麼熟悉的互踢皮球場景，不是台灣特有的公務文化！

整齣戲在民政課長得到絕症後產生翻轉性的局面，被年輕女同事戲稱爲「機器人」的課長，原本打算在上班—下班的慣性迴圈中結束公務生涯。然而，面對死亡的他，開始回想過去所作所爲，忌憚過多而不敢勇於任事的死結被打開，課長開始傾全力遊說各方，推動社區排水問題的根本改善。整齣戲的結尾是課長同僚回憶他死前的那段不尋常舉動，在七嘴八舌的揣測各種原因而眞相大白後，大家受到激勵，結論是日後要效法他的精神，對公務工作有更大的使命。然而，回到現實場景中，一時的激情終歸平淡，一切依然如昔。

在公部門外尋找資源

很多朋友公務員當久了，都會發出一種訊息：會不會就這樣一直到退休？路的前方還有不同的可能嗎？好像漸漸變成自己原本不喜歡的那種樣子了。面對這樣的瓶頸，有些同事會去上一些自我成長/訓練課程（不是政府開的那種），感受一下外面的溫度，與其他行業的人接觸，聆聽他們的工作模式與經歷，受到某些突破慣性思考的衝擊，或許是維持活性的一種方式。

或者，給自己一個短期目標去努力、培養第二專長，最重要的，別讓「這輩子我就只能當公務員」這樣的想法抹殺了其他可能。曾經聽過朋友的轉述：他的主管相當優秀，外語能力強，企劃能力也不差，看起來到業界仍具競爭力。於是他問主管，難道沒有離開公務圈的念頭？主管回他：但我已經習慣了這個舒適圈，要跳出去的勇氣已經不夠了。**說眞的，這個圈子，待得越久，越沒有離開的勇氣**。

內心的自我限定，可能會讓公務員離不開，但至少，還能期許自己在位子上保持熱忱。最怕的是，忘了審視自己，一步步地在無力感累積中，失去與外界互動的渴望，不再期待改變——最終，落入一天又一天的重複嘆息與怨懟中，然後把責任都歸咎於其他人，只能抱怨，卻失去尋找答案的動力。

□

在制度文化下，初入公門的公僕懷抱熱忱，但很容易被澆冷水，「久了你就懂了」，或是積極提出不同作法卻被「要懂得尊重倫理」、「過去沒人這樣做」等等的話語澆熄，眞的令菜鳥很挫折。曾經在一個政府人員與民間團體共同參與的研習中，年輕的承辦人在分享時間向大家表白，認爲好的政策無法推動是受到很大的政治壓力使然，即使本身不認同，但也無法改變、莫可奈何。無奈的語氣中，他希望大家能夠給予更多支持，才能改變制度的現況。

問題來了，有人舉手問，請問民間能給予什麼樣的支持？年輕的承辦人愣了一下，回答不出來。

他的遲疑，應該也存在於許多公僕心中。在公民意識高漲的今日，所謂的公民參與仍在萌芽，在與政府的對話窗口開啓後，彼此卻未打開心房，反倒豎立起自己的防火牆，造成各說各話或流於單向批判，而非雙向溝通。我看到許多NGO的伙伴，個人理念強烈，卻缺乏與政府溝通的能力。當期待改變卻一再落空，原來的想望變成了憤怒，便把累積的怒火在說明會上釋放。於是，本來只是觀念上的落差，卻演變成互不理解的怨恨怨懟。溝通的途徑被尖銳的言語截斷，理性的空間被激化的情緒占滿。年輕公務員提到所需的支持，在不知不覺中越來越遠。

坦白說，公務員與人民都是政治生態中的受迫階級，眞正有決策權、能參與決策核心的人，不輕易在公開場合坦白表述。他們在高處看著這場不理性的爭戰，樂於轉移眞正的事件焦點。就好像在三一八立院占領行動中，群衆與警察成爲對立的兩群，但事實上當脫掉制服、拿下頭巾，他們也就是「一群」老百姓。公務員與民衆，民衆與公務員，應該是站在同一陣線的。

支持，需要先傾聽。明白了各自的立場，然後從中尋求一個雖不滿意但都能接受的答案，這才是民主溝通的過程。除了溝通之外，想要改變現狀的NGO能給予什麼支持呢？有沒有可能在體制外給予實質資源？

有一次，我想做一個社區生態調查再訓練的案子因爲某些因素被上頭打槍了，被交代暫緩辦理。但我認爲要凝聚社區的生態意識，必須透過持續的培訓及互動才行，否則，等到半年後調查訓練案子核准，先前表達有意願的社區團體搞不好人事全非了，之前所打的基礎豈不白費？於是，我打定主意，要找資源自己辦。

我心生一念，如果這個訓練課程大家也認爲重要，或許我可以試試看募款。於是，把計畫書及所需預算 po 上網路社群，可能因爲自己常常在網路社群抒發在政府工作的無力感，大家也同情想做事卻苦無資源的公務員，於是這個嘗試眞的成功了。我募到足以辦理一次訓練的經費，並找了願意合作的 NGO 掛名主辦，眞的把訓練辦起來了！

這個公民意識高漲的時代，許多人意識到不能對政治不理不睬又置身事外，會願意捐款支持一些眞正願意做事的人。基層公務員其實是政策落實的第一線，但苦於制度綑綁，即使有政府預算也不見得能彈性運用，或用在有需要的地方。這時候，爲什麼不能透過募款來取得公衆資源的支持呢？說起來，還是怕觸法。

公務員能募款嗎？

當時為了要辦培訓活動，想出募款這一招，但一開始貼上社群，就有公務界前輩警告：你確定公務員是可以個人名義募款的嗎？雖然當時的募款對象都是親朋好友，活動辦完也把錢都花光了，但為了確認公務員是不是連募款的權利都沒有了，特別找了一些法規，其中與公務員募款有關的有兩條：

《公務人員行政中立法》第八條（捐助及募款活動之禁止）：公務人員不得利用職務上之權力、機會或方法，為政黨、其他政治團體或擬參選人要求、期約或收受金錢、物品或其他利益之捐助。

《採購人員倫理準則》第七條：採購人員不得有下列行為：九、利用職務關係募款或從事商業活動。

依照字面上的解釋，如果募款並非有政治目的，並且非以職務關係向特定對象進行商業目的之募款，應該是可行的。只是說，募款後辦的活動，或許要清楚地與機關切割，「募款及相關衍生事項，純屬個人行為，與機關無關」。這樣，保證大家安心，長官也沒有理由阻止。

GOV與NGO的裡外配合

曾經遇過一些公務同仁，退休後相當靈活，甚至擔任民間社團的重要幹部。但是，在職公務員同時從事NGO工作就比較罕見。但在政府中，卻常常面對「知道該那麼做，卻無法馬上那樣做」的焦躁。有位念生態保育的博士班朋友說，在求學過程中，常常會焦躁，很怕自己的研究成果來不及趕上環境的變化，因此他必須藉由參與民間團體來維繫自己的某種熱忱；公務員參與NGO或公益組織，或多或少也有類似的作用。

在政府待久了，難免會有某些無力感，在體制內突破無門的情況下，轉而尋求外在的發揮空間，也算是一種讓熱忱不要輕易熄滅的自我保護機制。或許是內在發出的這種訊息被接收了，在某種因緣下，跟朋友創了一個海洋保育的社團。因為這個社團主要關注海洋政策，也在立法院中從事政策遊說，所以，有時得以NGO的身分出席官方會議。出席會議有時是為了一些好的政策發聲，爭取更大的支持；但也有些情況，是要批評政府的施政，要求相關部門有對應的改善。

有一次，認識的長官問到，一邊在政府工作，一邊擔任NGO，不會互相矛盾嗎？正想如何描述這種矛盾時，長官又補了一句：「可是這樣能從不同面向來思考問題，也不錯。」

的確，同時從事GOV及NGO工作，能比一般的公僕更加了解NGO工作者的想法。尤其在太陽花運動後，政府開始重視「公民參與」，許多施政項目中會要求計畫辦理時能與NGO合作。但NGO過去普遍被政府承辦人員視為Trouble Maker（麻煩製造機）；另一方面，NGO也普遍存在對公務員的不理解，認為公務員是「阿達馬孔固力」、「不知變通的行政機器」。

有了這種心態上的歧異，要打從心裡真誠地合作就很困難。有些NGO認為，自己只要拋出問題就好，而答案是政府得想辦法的；但對政府人員來說，法規限制、行政阻力及政治壓力，都會造成一件本來充滿美意的事情變質，無法成真。這時候，NGO可能會認為政府都沒有認真回應，下一步可能採取媒體戰窮追猛打，政府被逼得只能做反射性的回應，這樣一來，可能讓NGO更加生氣，火力更加兇猛。

NGO具備的理想性高，對於應所為而未為之事充滿焦慮與期待。但在GOV裡我看到的是，在當前政治生態及政府文化中，政策推動需要迂迴的策略，得長期籌劃，然後等待時機，往往一個全盤性的提案，從構想、提案、協商、擱置、再提案、再協商，得要經過五年、十年、甚至二十年才能真正通過（例如：《溫室氣體減量管理法》、《海岸法》、《再生能源發展條例》、《國土計畫法》等）。等到要實際執行，又是另一番角力。

有時候，NGO點燃的一把火，會讓原本阻礙政策推動的背後暗黑勢力曝光，因而有助於政策往對大衆有利的方向前進；但有時，反而可能會讓檯面下磋商已久的局面提前見光死，破壞了一盤布局已久的好棋。由以上可知，GOV與NGO能否互相溝通，能否互相理解，在既定的基礎下裡應外合（啊，是裡外配合），就是事情能否往前一步的關鍵。

□

然而，過去對立的氣氛造成的刻板印象，讓許多公務員看到NGO就自動倒退三步，這種情況預料在未來，應該會隨著公民參與程度的提升而有所改變。NGO再恐怖，有比地方不講理的民代恐怖嗎？但公務員卻順服民代而畏懼NGO是爲何呢？

公務員害怕NGO的原因之一，或許是對NGO總是針對政府政策窮追猛打的印象。但是相對而言，當政府推出立意良善的政策時，也很希望有NGO願意挺身而出表達支持。

例如：二〇一五年嚴重缺水時，水利署停供農業用水，卻維持工業用水穩定供應，引起民間團體大加撻伐，認爲違背水利法中農業用水優先的原則。而經濟部水利署也從善如流，在旱期結束後隨即做出回應，提出《水利法修正草案》，擬針對一千度以上工業大戶用水課徵耗水費，鼓勵工業能夠提升水資源回收率，減少水資源的消耗，維持供水的穩定性。

原本應該是好事一樁，卻在工商團體遊說、立委翁重鈞的強力反對下，在立法院卡關。當時，水利署遭到強大政治壓力，若有民間團體能夠集結農民力量相挺，或許就可促成修法通過。但當初高分貝控訴工業搶農業用水的NGO，卻沒能在關鍵時刻出面相挺，導致水利署陷入孤軍奮戰。對於GOV來說，有時好的政策在政治壓力下推動不易，眞的很希望能有體制外聲音的支援；而NGO除了扮演監督角色，若能適時表達對好政策的支持，才能相輔相成，形成正面回饋的效應。

公務員參與民間組織相關法規

《公務人員服務法》第十四之二條：「公務員兼任非以營利為目的之事業或團體之職務，受有報酬者，應經服務機關許可。機關首長應經上級主管機關許可。」

《公務人員服務法》第十四之三條：「公務員兼任教學或研究工作或非以營利為目的之事業或團體之職務，應經服務機關許可。機關首長應經上級主管機關許可。」

到處看看，自我增值

初任公職到文官學院受訓時，講師們不斷耳提面命要廣結善緣，所以公務員通常會認識不少同爲公務界的朋友，說穿了，哪時候會需要彼此的幫忙都不一定，在公務上遭遇難題時，能夠聽聽不同單位朋友的經驗，也能協助對事情的判斷。更好的是，或許哪天公務朋友往上爬了，還能順道拉自己一把。這是基礎訓練時，講師們重複叮嚀要廣結善緣的奧義所在。

但是，公務界待久了，思考模式會往一個方向走，如果總是依賴公務知音，很難聽到圈外的想法；尤其是辦公室坐久了，計畫長期都委託民間公司辦理的結果，可能會跟實際的社會運作有點脫節。「自己想自己對」，做出的判斷卻離事實及民間需求很遙遠。

曾經聽老一輩的公務員在談，過去省府時代，公務員比較容易走到地方直接溝通，所以能夠感受民衆的需求。但凍省之後，中央的公務員就比較少走入地方，也慢慢形成民衆與政府間的隔閡。現在許多公務員，只要把計畫寫好委託出去，確認合約照計畫走，做好專案管理就沒事了，根本很少去跟地方人士對話。這樣的情況，對公務員本身少了實務經驗的歷練，在政策推動上，也產生諸多盲點。

整天坐辦公室的生活其實是有點煩悶的，一段時間後，我就想，要找什麼方法才能到處看看。現在很多的主管，是不鼓勵部屬「到處看看」的；另一方面，每天桌上公文都處理不完時，也很難「到處看看」。有些人公務之餘，喜歡去上課，學點自己有興趣的東西，那是打開見聞的一種方式；而我自己，則是利用採訪，來認識與業務相關，但平時又不易接近的人們。

說起來是機緣，有一陣子在公務圈心態上已十分疲倦，那時也想說去上個課，剛好有個獨立媒體組織開班要培訓新的報導寫作者，我就去了。那是第一屆，同學很多都是傳播科系的，而公務員身分的我，引起了一些特別的關注，可能當時很多同學心中有這樣的OS：「公務員來幹嘛」。但那幾週的課程中，我真的有充電的感覺，對於社會的熱情有被找回來一些。之後，就利用自由寫手這個名號到處招搖撞騙，去約訪我有興趣的對象。就這樣，我一面走走看看，一面也認識了許多過去沒機會接觸的人。後來在我的業務上，有些受訪者成爲我固定諮詢的對象，甚至協助我完成一些在政府中無法完成的事。

採訪寫作的過程中，除了受訪者，也認識了一些媒體人。有一次，一位媒體朋友要來高雄採訪，因爲那時我正在辦理社區生態調查培訓的工作，問了他要去林園，剛好是培訓的社區之一，就像跟屁蟲一般一起跟去了。那次，認識了我從來只是往墾丁路上經過、不曾停留的林園。

過去，由於國內對石化產業環境問題的報導，全聚焦在雲林麥寮、高雄後勁等在地人聲音較大的地方，對於林園這個高雄漁獲量最高的地方，卻乏人問津。但事實上，台灣最早的石化工業區，林園三輕是其中之一。根據受訪者的說法，林園區的居民像是「石化乞丐」，習慣了蠅頭小利的施捨。這些石化廠商給的潤滑劑，徹底消滅了純樸的漁村風情；利之所趨、惡勢力的脅迫加上政府長期以來的漠視，讓居民從設廠時的抗爭、遷村提議到最基本的健康風險評估訴求，至今已不再期待。

拜訪時，一群年事已高的阿伯跟我們說，過去林園汕尾可說是風頭水尾，高屏溪出海口漁獲最豐富的地方。當年在感潮溝小溪畔隨處都有肥滋滋的魚及蛤仔，因此汕尾的女孩子行情是很高的，外庄的男孩子要來「趴七仔」，如果不是條件特好，都會被他們用棍子「猴鄧去」（可以看到他們眼中年輕時意氣風發的姿態）。

三輕在一九七三年進駐林園後，曾一度被當地人引以為傲，華僑歸國時，都要用大型遊覽車載到林園進行「十大建設」的參訪。當時，往小琉球及東港的商旅人士，都要在林園坐上渡輪，港邊總是人潮如織。沒人想到四十年後，在他們人生即將退場之前，成了一副落寞寂寥的樣子。

談了很多，同行的受訪者黃健君先生不斷跟我強調，「台灣的政治需要改革，這款政府無路用」。很難想像，他也曾在公部門度過了大半生，在公務生涯最後的階段，因為以公務員身分帶領鄉民揭竿而起反對三輕，而被政府打入黑五類，連降三級後退休。

對於他的勇氣，我既佩服又慚愧。才在不久之前，邀集了一些志同道合的公務員朋友要著手進行公門觀察的書寫，卻因爲擔心觸法或被上級盯上而暫緩。但在當時的環境條件下，他卻是豁出去以地方政府公務員身分直接跟行政院對抗的！

在一番當年如何因爲抗爭，被惡勢力恐嚇，談到對現行政府制度、政商交相賊的怨嘆，以及亟欲改革的想法激盪得茶酣耳熱之後，我才不好意思的說出：「金拍謝，我都不好意思承認我是相關部門的公務員」。當然此言一出，他也提了一些該如何改善的建議。然而，畢竟，我只是龐大組織中的一顆小螺絲，當下也只能把這些想法先放進口袋備查。

公務生涯的漫漫長路，一定有許多人來人往的邂逅，不經意擦肩而過的，卻可能是重要的導師或貴人。即使對方提出的要求不符規定，或現下很難辦到，但不妨暫時放下「依法行政」的心態，仔細去傾聽，就可以聽見眞實的需求。或許哪一天，剛好有機會，就能協助解決這樣的困難。

公務員手中握有資源，而民間充滿能量，如何讓資源碰觸能量，讓資源投入該投入的地方，需要互相理解、以善意出發的溝通。長久下來，自然會累積一定的善緣，成爲日後推動業務的重要力量，也寫下個人公務生涯值得回憶的故事。

16 公器公用——媒體資訊力

媒體的一體兩面

有些時候，在公務部門很容易被同質化看待，認爲你們都是一樣的。但其實，每個公共政策的推動，都有許多不同層面，也有很細部的分工。有些不是業務職掌的部分，即使有心，在公務上也愛莫能助。但即使如此，公務員已比一般人有管道獲取更多的訊息，而這些訊息若能充分運用，會成爲很有用的資源。

長期跟公務員接觸的獨立記者朱淑娟曾經說過，她要謝謝很多公務圈的朋友，沒有這些朋友的協助，就無法成就許多具影響力的報導。真的，當基層受到長官或明或暗的指示，交辦一些依法行政卻隱藏玄機、個人價值判斷有問題的事情時，該如何是好？比較反骨的，秉持著老子（娘）良心做事，對於有爭議的交辦事項礙難從命的態度，是一種方式。公門有一句話：不想升官的最大。

但如果當時的氛圍讓人難以推辭，且明知有鬼時，該怎麼辦？圈外媒體友人或許能幫上一些忙。不見得是要讓事情曝光，而是媒體友人見多識廣，或許能幫忙打聽，或是提供比較多面向的建議。相對的，有些能夠促進大眾福祉、對長期發展有利的政策，卻礙於利益團體龐大的壓力而無法推動，這時透過媒體輿論的推波助瀾，才能真正讓政策上路，這也是公務部門可以善用民間資源的一種方式。不過，這樣的操作方式帶有一點風險，如何拿捏要靠自己判斷了。

媒體人談公務員的角色

朱淑娟以長期在環境議題上所見出發，談到公務員該如何利用各方資源，來推動一些必要的政策。

◎涉及利益團體的政策，當然會遭到許多來自業界及民意代表的壓力——但要記得，**這個政府不**

只是服務少數團體。如何讓大眾的聲音彰顯出來，進而協助政策的推動？在公聽會／聽證會階段提升公眾參與、資訊開放，都是讓政策上路的可能助力。

◎**公務員應該是個兼具榮譽感及責任感的角色**。朱淑娟舉了個例子：如果我們問一位正在打地基鋪磚瓦的工人，你在做什麼？他可能會回答：我在鋪磚啊！但也可能回答：我正在蓋一棟高樓大廈。公務員是在蓋政府這棟大廈，但卻可能因為行政的繁瑣，而只記得自己是在做核銷、在簽辦公文、在填研考報表——卻忘了，自身掌握了讓國家變得更好的可能性。

◎台灣一年有七十億的空污基金，但這些基金是否真的被拿來改善空氣品質呢？以機車排氣定檢來說，一年要補助六億，但事實上「檢驗」這件事，真的有根本地改善了排氣品質嗎？因為每輛車以出廠年份作為檢測標準，老舊機車適用的就是過去的低標準，即使檢測合格還是烏賊車，檢測費都白花了。她提醒公務員，**不只要做事，而且還要想一下，這件事是否是對的**？

◎研究了那麼多年的環境政策，朱淑娟認為，**事前的預作規劃，遠比事後的補償成本來得低**，如果因怕麻煩，覺得預先規劃是額外業務，就會造成日後更多無法收拾的殘局。像是水資源的管理未做好，就得付出巨額的休耕補助，造成政府財政及糧食生產的雙輸。如果提前把這些錢編在自來水漏水率的改善，或是提前輔導乾水期的旱作轉作，是否更好？

◎**公務員也有世代正義的問題**。這一代（任）該解決的，如果留到下一代（任），那就不正義。政務官成了臨時工，動不動就辭職下台負責，看似瀟灑，其實是很不負責！

◎朱淑娟鼓勵公務員結交不同領域的朋友，在施政上，才能聽取不同面向的意見，否則很容易落入「敝帚自珍」的自我感覺良好中。對於現下的瓶頸，朱淑娟也鼓勵公僕們得有耐心：**把自己做好，把事做好，然後上天會讓好事發生**。

連「阿婆」也看得懂的新聞稿

公務員有一堂必修課，從文官學院受訓階段時就上過，叫作「媒體關係與新聞稿撰寫」。可是再怎麼上，政府的新聞稿永遠長那個樣子「四平八穩卻不得人心」。曾經發單位新聞稿後問了一些媒體朋友，他們說，光看標題就直接跳過了。這樣的特點同時也存在政府出版品中。政府出版品通常是免費的，就是要宣揚一些政績，或是鼓勵民眾前來參與活動之類，但每每看到政府出版品，常常都是長一個樣子，很少數能夠一入手就捨不得放下，恨不得立馬珍藏的。或許大家很好奇，爲什麼政府的文章總可以這麼風格一致？版面配置明顯無法吸引人閱讀，還硬是得長成這樣？

答案是，儘管承辦人別出心裁地寫出什麼特別的風格，到了長官手中還是會被塗改成那個模板。曾經有位長官對我說：「你的寫法，媒體好像比較愛用」。站在現代媒體的立場，如果官方發出的新聞稿不用修改太多，可以直接採用是最好的，而用白話活潑的語氣來呈現一件事情，總是比模板文來得吸引人。究竟是硬邦邦的政績推銷文，或是發自內心誠實寫出的文字，明眼人一看就知道了。

當網路媒體不斷竄出，傳統媒體紛紛尋求轉型之際，政府仍用過去的模板在寫新聞稿；在每天資訊爆炸的時代，誰會有耐心去閱讀看起來都很像的「官方新聞稿」？另外，有些單位新聞稿只掛在自己官網上，更是自我安慰而已。說到政府網頁，在版面配置、配色、字型等等，往往都缺乏吸引視覺的要素，很少有令人眼睛爲之一亮的官方網站。所以，把訊息公布在官網，除非是重要的訊息內容，或與民衆權益直接相關的，否則，一般民衆實在很少會去閱讀。

新聞稿的寫作是一門學問，最好的方式是使用破題法，開門見山的第一段就要把最重要的訊息傳達出來。如果是新政策，最好能夠把條文以淺顯易懂的白話方式寫出來，而不是直接把條文複製貼上。

有時候，那些法令條文連非業務相關的承辦人員都不見得看得懂，更何況是一般民眾。因此，推動新政策、頒布新法令的新聞稿，一定要經過「轉譯」的過程。曾聽過資深記者黃哲斌形容，好的新聞稿就是要讓完全不懂的「阿婆」都能看得懂，大概就是這個意思。

有時候，公務員會對媒體心存恐懼，一來是有些媒體眞是文化流氓，挾著跟上頭關係良好，三不五時就來邀廣告。何謂邀廣告？他會告訴你新一期刊物有個版面是空的，費用是多少錢，「請問」貴單位有沒有刊登的需求。文化流氓都跟上頭講好了，我們沒有需求也得說有。

於是，承辦人得負責把廣告（新聞稿）內容生出來，機關還得付一筆錢請他刊登。記者還會交代，不能跟其他機關透露廣告的行情，因爲這是「個人」商業機密。這種邀廣告的方式，讓公務員心驚驚。

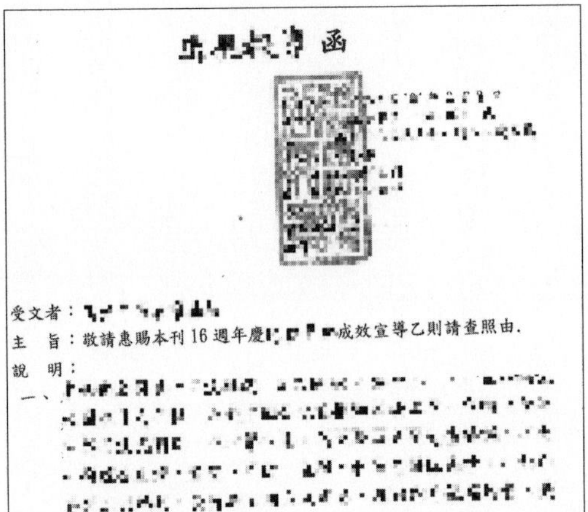
[redacted] 函

[redacted]

受文者：[redacted]

主　旨：敬請惠賜本刊16週年慶[redacted]成效宣導乙則請查照由。

說　明：

一、[redacted]

二、[redacted]

三、幸逢本刊16週年慶，敬請惠賜[redacted]成效宣導乙則[redacted]元正

四、版位A4規格

總社長[redacted]

圖片來源：作者提供

另一種狀況是，懼怕媒體刊登對機關形象有損的新聞。這種新聞一出來，相關科室就得忙著擬回覆稿，媒體快節奏的不斷call機關首長，壓力直接就轉嫁到基層人員身上。因此，公務員對於媒體總是能閃則閃，這樣的狀況也反映在辦官方記者會的時候，通常排場浩大，但承辦人員一來希望有許多閃光燈讓長官有面子，但另一方面又擔心會有不按牌理出牌的記者害得場面失控。

其實，掌握一些大原則，就能吸引媒體注意力並掌握整個採訪流程。官方記者會，通常是有新政策要宣達，或是特殊成果要發表，因此，發採訪通知時，就要注意信件標題一定要強調記者會的特色，畢竟記者一天會收到的採訪通知很多，如果標題不夠吸引人，很容易就被忽略。第二個，如果是活動型的記者會，採訪通知一定要寫明整個活動中哪個時段是採訪時間，並且註明有哪些人員會出席發言。採訪通知除了在兩、三天前發一次，活動前一天還要再發一次，以便再次提醒記者。

記者會現場，記者除了找長官採訪，有些媒體也喜歡直接找承辦人，這時候是跟媒體互動的好機會，把希望傳達的主題清楚的講出來，就能掌握採訪的主導權。因爲媒體行程緊湊，通常一天要跑好幾個場合，如何在有限時間進行有效傳達，需要在事前準備好相關資料。如果是複雜議題最好配合圖示說明，甚至準備一些視覺上有利拍攝的道具，把要傳達的議題在現場直接解釋清楚，以免媒體寫錯了還要事後更正，相當麻煩。

另外，一定要留下每個記者的聯絡方式，一來之後可以直接寄採訪通知給他們；二來可以在會後補寄相關資料給他們參考，讓資訊能夠正確傳達。雙方建立了信任感，就能在往後形成互助的關係。媒體是雙面刃，但如果能用正面的態度，站在對方的立場，知道他們需要的是什麼，就會發現記者其實沒那麼可怕，甚至可以建立長期的友誼。

大數據年代下升級版的E政府

這個年代，臉書成爲重要的自媒體，但是，許多官方單位並不允許上班時使用臉書。當然立意是希望公務員能夠專心工作，不過，這種限制就像是爲了怕學生發生性行爲就禁止在校園販賣保險套一樣，學生還是會想盡辦法找到保險套來用的，只是變得名不正言不順。以我來說，透過臉書連結社區社群，是進行活動宣傳、聯繫事情及傳遞相關訊息很好用的工具，但就變成必須利用下班時間，或是利用自己的手機網路來進行（當社會已經進步到網路4.0的時代時，政府卻得保守地踩住資訊安全底線其實也是無可厚非，但當看到許多主機灌的仍然是Office 2003，實在不禁倒抽好幾口氣）。

從事自媒體的方式有很多，早期的部落格、現在的wordpress等等，許多套裝的網頁工具，都讓現代人可以輕易地建構自己的新聞台。我利用臉書作爲平台，轉貼業務相關的政策、新聞、活動；也發表自己寫的報導及評論，有時候更利用臉書團購或推廣對環境友善的農漁產品，甚至募款辦理我想辦（但機關不辦）的培訓課程、影展等等。久了也成爲相關資訊流通的媒介，網友間有資源的、需要資源的，都會互相交流。當恰巧業務上有需求時，也能從交流中獲得靈感及寶貴的建議。作爲現代公民，網路自媒體是個溝通理念、匯集資源的重要工具。

□

資訊匯流及資料探勘技術的成熟，有些團體及學術單位利用政府公開資訊做到了許多即時訊息的揭露。早在二〇〇九年莫拉克風災時，電子布告欄的「PTT鄉民救災團」透過網路鄉民的力量，分別進行「分區物資募集中心」、「籌組人力調度」、「統一的物資整合窗口」等工作；後來，在許多災害發生時，這套模式也發揮即時的資訊整合及物資調度功能。二〇一四年三一八學運時，公民媒體「沃草」及網路社群gov零時政府利用拖鞋及iPad，於第一時間就進行即時轉播，並提供現場物資調度的網路資訊平台，後續並有網友整理出《服貿》的相關事件懶人包，供大眾快速了解事件的來龍去脈（國發會後來也推出對應的懶人包）；二〇一五年登革熱疫情嚴重時，成大資訊工程學系莊坤達老師擷取市政府公布的疫情資訊進行分析，設計出容易理解的登革熱擴散動態圖表，協助民眾避開疫情較嚴重的地區。

在大數據時代資訊公開下，民間能夠協助政府進行許多有效且即時的分析，補足政府即時反應較慢的問題。**但民間要能參與的重要前提是：「資訊必須透明、正確且公開」**。曾經藉由美國國家海洋暨大氣總署累積五十年的漁業資料庫的資料分析，得出加州著名的鯷魚與沙丁魚漁業資源增減原因，而登上國際權威的《科學》（*Science*）期刊的台大海洋所謝志豪教授曾經被問到，是否可能用同樣的資料分析技術，協助台灣漁業資源的整體評估？他很保守地回答：「我在等待一個契機」，其實背後的含義是，台灣根本從未建立正確可信賴的漁業統計資料庫。大數據能應用的前提是資料必須有高的正確性，但台灣某些官方資料的正確性，相當令人存疑。

另一個大數據要應用的前提是透明性。有許多政府機關未將紙本資料電子化，或是電子化的方式是直接將文件掃描成PDF檔，而非建立Word或Excel檔。掃描成PDF檔的文件，無法進行關鍵字查詢，資料搜尋變得非常困難，得一頁頁翻閱，跟查閱紙本資料差別不大。另外，某些政府建立的資料檔案格式沒有統一，或是不屬於開放格式或爲非原始資料。即使資訊公開，對於使用者要分析、運用還是困難重重，這些都是號稱即將啓動3.0E政府在未來必須進步的地方。

資訊透明，鄉民齊監督

過去大政府時代，老百姓要取得基本資料都必須被層層刁難，更何況是涉及利益相關的資料，但是經過RCA污染案（工安環安）、禽流感（公共衛生）、餿水油（食品安全）、大埔事件（土地徵收）、高雄氣爆（居住安全）等事件之後，人民發現，政府隱蔽的資訊可能造成自身權益莫大的影響，不論是對於環境污染來源、疫病傳染途徑、食品原料來源、土地徵收條件、管線分布等資訊，都掌握在政府手中，等到事件曝光才發現，原來政府管理漏洞早已存在，而人民居然一點事先的知情權都沒有。

台灣人過去對政府是採取不信任、不理會的態度，所有公共事務交給政府就對了。因為政府決策是封閉性的，公民要參與政治過程，就是用投票的那一天來表達，平時根本無從得知任何關於公共政策的資訊。但隨著時代演變，公民意識抬頭，才慢慢發現，原來政府會出相當多的「包」，需要鄉民一起來監督。成熟的公民社會，鄉民必須要具備蒐集資訊、解讀法條、檢視會議紀錄、媒體識讀等能力，否則，很容易就被政客跟政府蒙蔽了。有時候，政府沒有說謊，只是選擇性的揭露資訊。

現在的社會公民很忙，民間臥虎藏龍者眾多，政府資訊公開的好處，是這些能人異士能成為政府的在野大聯盟，協助許多分析及建議工作。

公務人員從事自媒體相關法規，請謹慎為之

洩漏一般機密罪（洩漏國防以外之祕密罪）：

「刑法第一百三十二條：公務員洩漏或交付關於中華民國國防以外應祕密之文書、圖書、消息或物品者，處三年以下有期徒刑。因過失犯前項之罪者，處一年以下有期徒刑、拘役或三百元以下罰金」。

公務人員考績法：

（二）行政懲處：1.「洩漏職務上機密，致政府遭受重大損害者」。一次記二大過（公務人員考績法施行細則第十四條）。2.一次記二大過，依考績法第十二條規定應予免職。

公務人員服務法第十四條：

「公務員除法令所規定外，不得兼任他項公職或業務。其依法令兼職者，不得兼薪及兼領公費」。至於何謂兼職？大法官釋字第十一號有解釋：「公務員不得兼任新聞紙類及雜誌之編輯人、發行人，業經本院釋字第六號解釋有案，至社長、經理、記者及其他職員，依公務員服務法第十四條第一項之規定，自亦不得兼任」。

公務員得兼任、不得兼任職務釋例彙編（銓敘部）：

「得在報紙雜誌投稿、著作書籍或編輯研究學術之雜誌刊物」、「報社特邀專欄撰稿，倘不涉職務之事務，尚無禁止之規定」、「不得兼任報紙、雜誌之發行人、社長、記者、特約通信員等」。

首長的信箱有用嗎？

現在的公僕常戲稱自己是服務業，要處理各式各樣的爲民服務案件。與過去相較，承辦人的態度已比過去好很多。不時的民衆投訴，或者是內部的電話考核，都讓行政人員心生警惕，不容易再出現過去的晚娘面孔。不過，政府畢竟不完全是服務業，有些狀況不是表面態度客氣就能解決問題。比方說違規停車的拖吊辦法、民衆申請登山證入園證、合法民宿的設立申請、水權移轉登記……等等涉及民衆權益的行政程序，如果規定本身有窒礙難行之處，那麼即使承辦人態度和顏悅色，恐怕也無法滿足民衆所需。

所以，各行政單位爲了表示溝通管道的暢通，紛紛成立首長信箱，只要對於施政有所不滿，就可以寫信到首長信箱。看起來，好像多了一個意見直達天庭的管道，然而事實上，這些信件到了單位，還是層層疊疊地被分配到小小承辦人手上。有些涉及跨部門的案件，還得到總收發那邊爭論一番，才能確定獎落誰家。總之，這些「首長信箱」的信件，眞正被首長看到的，恐怕少之又少。

比較有趣的經驗是，針對行政院的ＫＰＩ名不副實的荒謬情況，《商周》那篇長達十九頁的報導，內容大致是說這些績效指標太多著重例行事務、只看數字不重內涵、太過容易達成，甚至目標與指標牛頭不對馬嘴的情況（詳見《商業周刊》一四三六期）。這篇報導起了一些效用，各部會開始緊張，於是要求承辦人塡寫相關擬答稿（媒體有報導、民代有意見，都要寫擬答稿，這個首長應該會看）。

結果，我收到了來自某位公務界朋友的訊息：因爲他曾負責研考的業務，《商周》透過管道訪問他對於績效指標的意見。沒想到報導一出，分層負責，這個指標的不合理狀況還是回到他身上，由他負責撰寫擬答稿，「早知道就不說了啊！反映了問題結果是自己要解答」。然而，如果承辦人可以解決這樣的問題，那麼，上面那麼多長官、那麼多顆印章是要幹什麼用呢？

面對這樣的情況，大家把鬱悶放心上，無奈放心裡，無解變正常。曾經有位退休的長輩說：「我退休之後第一件要做的事情，就是把這些不合理的情況寫信到行政院長信箱，讓他看看我們這些基層行政多麼困難。」結果旁邊的同事回他：「你可不可以不要寫，不然到時候可能是我要回答你的投書。」我腦中響起一首歌，「轉啊轉啊轉啊轉啊，七彩霓虹燈，轉啊轉啊轉啊轉啊，首長的信箱……」

這是個衆聲輪唱的時代，政策溝通已不再是政府↓民間的單一方向。民衆對施政有意見，除了透過首長信箱，還有網路連署、寫公開信給政府等方式，而行政院也陸續推出 vTaiwan、「公共政策網路參與平台」等促進政策雙向溝通的新渠道。台灣民主的深化，奠基於公民政治的實踐，而這又與政府開放程度及公民素養有關。良好的政策溝通，除了政府資訊的開放，還需要公民理性的討論。

17 公民怎麼參與？

官方說明會的真正功能

我們應該記得，三十年前台灣仍是戒嚴時期，眞正的民主在台灣不過走了三十年。民主是個緩慢而連續的過程，過去台灣從零分到六十分，憑的是一股民間的衝勁。然而，現下是六十分要追求八十分的階段，同時面臨全球環境及氣候變遷的不穩定性，所以每一步都得更深思熟慮，發展方向得更細緻，得破除非黑即白、非藍即綠的意識型態。在充分的資訊下，用邏輯理性的方式尋求解答，才能朝向更深化的民主之路前進。

於是，我們期待人民直接參與政治，期待審議式民主的實踐。這種新形態的概念在政府部門中日漸茁壯，而參與式預算、區域計畫審議的公民列席、公共工程設計導入在地團體意見、第三勢力興起等等，都顯示台灣公民社會正朝向民主深化的進程。但是否能實質參與，公民素養的提升、政策資訊的識讀、溝通協調的技巧，都是公民參與很重要的元素。

很可惜的是，過去政府的說明會，常常是徒具形式，事前沒有提供充分資訊給民眾，也沒做好利益衝突團體之間的協調，等到上了會場，只能各說各話，變成感性的抒發大會或是更刺激的擂台ＰＫ賽。

有一次我以海洋保育ＮＧＯ的身分，出席漁業署召開的「底拖網禁漁區及有關限制事宜」草案協商會議。這個法案是由立法委員黃偉哲提案，起因於部分漁民感受到沿近海漁業資源的枯竭，希望能夠由政府制定法令，規範像底拖網這種對海洋資源傷害較大的漁業行爲。台灣海域在過去二十幾年高效率、高強度捕撈的漁法作業下，沿近海漁業資源每下愈況，已經瀕臨崩潰的邊緣。

過去，只要提到規範漁業行爲，就會引起部分漁業團體強力反彈。漁業跟農業的不同之處在於，農田有所有權，所有權人會保護農田；但台灣漁業漁場是共有的（本應由地方區漁會／生產合作社自主管理漁場資源的「專用漁業權」制度在台灣是失效的），在「我不抓別人也會抓」的思維下，很快地把資源消耗殆盡。漁民都知道資源狀況不好，但底拖網設備的設置已投入成本，如果限制底拖網捕撈，對底拖網業者當然是衝擊（即便現在有時出海，可能抓魚賣的錢連油錢都付不出，但由於政府提供漁船用油補貼，也就勉強撐下去）。

那天到了會場周邊，發現警力戒備森嚴，大樓底下好幾台遊覽車停在那邊，都是頭綁布條、手拿「禁止拖網，逼死漁民」標語動員來抗議的漁民。

涉及利益相關的政策，必然有人支持有人反對，開會的功能便在於協調正反立場，找出讓利益相關者即使不滿意、不接受，至少還能忍受的方案。有句關於開會的經典詮釋：「**開會本身無法決定任何事情，大部分的事情在開會前就已決定，開會只是背書而已**」。面對複雜的議題，開會前就要徵詢權利相關者的意見，經過溝通，才能在開會當場有效地達成共識。然而，這次的底拖網會議，在開會通知發出的同時，就註定了這是一場盍各言爾志的抒發大會。

看一下開會通知單受邀出席者，再對照一下手邊各縣市拖網漁船數及噸數資料，發現，受邀出席的漁業團體幾乎就是拖網漁業所在的主要漁會：基隆、新北、宜蘭、高雄、屏東、澎湖等。底拖網漁法掃蕩海床式的捕撈方式，實際上會對刺網、延繩釣、一支釣、籠具漁業造成影響，但真正與底拖網漁業有競合關係的其他縣市漁業團體，像是新竹、苗栗、台中、彰化、雲林、嘉義、台南等縣市漁會，並未受邀出席。權益關係者未到場的情況下，整場會議儼然成了拖網團體對決保育團體之勢。

海洋保育團體受邀出席的用意，是希望提出一些海洋資源永續利用的聲音，但是現場的狀況在主席宣讀「提案一」後就全面失控：全場漁民高分貝吶喊，頻頻發出「政府不應被環保團體綁架」、「禁底拖網等於斷生路」等抗議聲浪。在失焦的激烈爭論下，難以就議題進行討論，會場形成一場大混戰。漁業署官員根本無法解釋草案內容，原本會議議程列出的七項討論事項，包含「休漁期訂定」、「拖網漁獲申報制度」、「網目大小規範」等待決事項，在咆哮聲中全數遭擱置。三個小時的混戰後，主席只能宣布「請地方政府先行協調後，再召開後續會議。草案暫不實施」的結論。

如果政府召開的說明會、協商會議沒有在事前與權益關係人做充分溝通，只想讓意見雙方到會場上見眞章，那根本不是來開會而是來吵架的。現階段許多官方的說明會徒具形式，常流於政府單向政令宣達，說完後讓民衆提幾個問題列入會議紀錄附件就存查了。或是，說明會流於背書功能，開會前結論早已大勢底定，根本談不上溝通；甚至聽過「就讓他們情緒發洩一下，發洩完就沒事了」的說法。這……以爲公民參與是在跟政府談戀愛嗎？

無法在同一個平台上進行理性對話，並且將民衆意見實質納入施政參考的說明會，即便邀請民間團體出席，表面上看似有公民參與，但離公民參與的內涵還相當遙遠；因此，有許多公民團體主張，在與人民權利直接相關之重要議題上，應該以聽證會取代公聽會。聽證會與公聽會不同之處在於，聽證會上民眾的陳述及論辯，不論是否被採納，主管機關都要提出對應的說明並做成具體核定的文件；而不像公聽會，民眾的意見只是參考用。

成長中的審議式民主

經歷了兩次政黨輪替，十多年的時間裡，從期待、失望到不再期待的過程，台灣經歷了一段民眾普遍政治冷感的時間，覺得投誰都沒差，反正都一樣爛。政治名嘴評論被當成茶餘飯後的消遣，很少人眞正在意政策如何決定、決定後有什麼影響。反正，都交給爺們，政治是他們在玩的。

公民不參與的結果，就是政客們在立法院內爲所欲爲，行政部門該做的不能做，有些不該做的卻明知不可爲而爲，台灣政治陷入一種只有意識形態、沒有價値判斷的政治年代。只依賴少數的民間團體持續「攪局」，攪亂某些看不見的手亟欲營造的一池春水。

在公民團體持續的攪和下，台灣政府的政策及施政資訊，直到這幾年才逐漸設爲「公開」。各政府部門中，常被衝撞的可能就是公民參與程度最高的，其中環保署堪爲表率。作爲各類開發案裁定終極戰場的環評會場，是民間團體守護家園環境的最後一道防線，因此，環保署環評現場常見有民衆拍門要求進入會場。從一開始不准進入到准許進入，不准拍攝到可以拍攝，從不公開的委員審查制到公開的專家會議——整個過程就是公民敲門，政府窗門逐漸打開的公民參與示範。

有朋友說，有太多不該落在政府手中的事，卻因爲公民社會習慣找政府解決，最後就變成政府被迫接受處理自己不擅長的事情。好比說：標章制度的訂定。國外有許多產品標章都是民間團體發起，並由第三方認證機構承認後，就能開始制定一套遊戲規則，照著規則走的，就能取得標章，獲得消費者的信任。這是一種市場機制的展現。但在國內，食安問題連續不斷出包後，許多原本由官方設立的標章系統公信力一一瓦解（如產銷履歷〔TAP〕、食品良好作業規範〔GMP〕等）。然而，民間有辦法推出自我宣告的認證系統嗎？好像很難，至少在目前還很少見。探究其原因，民衆還是倚賴經由政府立法保證的，比較有保障。

所以，郝明義先生在《如果台灣的四周是海洋》一書中，曾經引述長期參與「審議式民主」運動的呂家華所言：「三一八學運之後，開放、參與式工作成為許多單位主動、被動開始著手的地方，但普遍還缺少民主參與的想像」。另外，「民間團體會說不要什麼，但是講不出要什麼」。這樣的條件下，民主參與要真能落實到施政當中，恐怕還有段路要走。公民如果要將政治權力從當權者手中拿回，需要一些認真的研究，提升專業判斷及政策溝通上的邏輯性。目前而言，民間醞釀著一股強大的改革能量，但真正有資源能進行改革的，恐怕還是政府本身。而政府從業人員的態度，就決定了台灣改變的速度。

網路公民協作的實例：vTaiwan

在環保部門工作，有許多接觸國際上新議題的機會，比方說氣候變遷、溫室氣體減量、生物多樣性等等。當出現過去不曾出現的新議題，或是要制定過去沒有的新法令時，常常接到長官的指示：去問問看其他縣市政府怎麼做？

公務員遇到問題，習慣找其他公務員諮詢，這是一種常態。不過，奇妙之處就在於，其他公務員或許根本不曾在業界服務，或是早已脫離民間一段時間，問他們的用意是……？其實說穿了只是求平安，當大家作法都差不多，出了問題是集體共錯，不會讓自家單位變成箭靶。

不過，就是這樣的決策模式，讓政府離人民越來越遠。於是，公民團體不斷敲門，希望能參與決策的過程，這樣的聲音，在這兩年越演越烈。二〇一四年行政院要推動自由貿易經濟示範區，但遭到民間很大的反彈，國發會爲了說明自經區的政策，在北、中、南、東召開「經貿國是會議」，邀集包含學者、學生、公民團體、產業代表、網路社群及地方政府，針對「區域經貿」、「兩岸經貿」的議題蒐集各方意見。說明會場上，民眾要發表意見仍須辦理發言登記，根據抽籤順序進行三分鐘的意見陳述。當時，兩岸貿易議題火熱，報名參與者很多，沒能在會議結束前發言的人，只能提供書面意見列入會議紀錄。不過，這幾場國是會議，國發會透過與沃草、iKala、蘋果 live 等網路媒體合作，將會議實況以網路直播的方式，讓有興趣的民眾能夠即時觀看。當時政府跟網路社群媒體的合作關係，成爲近兩年網路公民參與的基礎。

柯文哲當選台北市長之後，首先推出 iVoting，將某些公共政策議題在平台拋出，讓民眾可以直接表達意見。但實質上，與其說是 iVoting，不如說是 iSurvey，因爲只是徵詢民眾意見，但並沒有在平台產出決策建議的具體機制。國發會在二〇一五年初也推出「公共政策網路參與平台」，同樣是政府在政策形成前徵詢各界意見的模式，但多了民眾自行「提點子」的方案，民眾可主動提出議題。初步檢核後，只要十五天內取得二百五十份附議，之後再於三十天內取得五千份附議，就可正式成案。主管部會須適時回應、評估是否納入政策推動，再於兩個月內具體回覆參考採用情形。

□

第一個網路提議成案的，是二〇一五年十月的「讓癌症免疫細胞療法的修法提案」。在與提案者反覆溝通，了解訴求後，衛福部認爲不需修法，直接朝修訂「人體試驗管理辦法」，制定人體試驗附屬治療計畫（treatment protocol）即可，也在提案後的半年內完成修訂。推動這樣由民間自行發起的提案，扮演政府—民眾間溝通橋梁的角色格外重要，必須釐清提案人訴求，亦須理解法條及組織內部作業程序。在「讓癌症免疫細胞療法的修法提案」順利推動的關鍵人物之一，是 gov 成員羅佩琪。從網路社群到實際進入政府系統運作，她認爲在公部門和懂得技術及需求的民間社群之間，需要有更多人扮演這樣的「橋梁」角色。

此外，這個平台的「眾開講」，是政府部門針對重大議題，提出問題尋求民間意見。例如：二〇一六年五月由經濟部提出「開放不利耕作的農地蓋太陽能板」議題，針對「一，有關利用污染區農地設置太陽光電，您是否贊成？二，您認爲太陽光電結合污染整治最佳方法爲何，歡迎提出您的建議及看法。」兩個子題蒐集網友正反意見後，做出綜合答覆，達成「污染農地最終應要完成復育回歸農用，所以污染農地蓋設太陽能板，一定要能與污染整治計畫相結合。只有在不影響污染整治計畫的情形下，才會允許設置太陽能板」的結論。以網路平台爲媒介的溝通方式，除了引起民衆對該議題的認識及討論，後續行政部門是否有對應的方案資訊更新，讓關心議題的民衆能夠公開檢視目前各相關單位的推動情況，也是政府政策溝通重要的一步。

看起來，人民能夠自己提點子，要求政府做回應，是往前走了一大步。然而，可以發現，最後的決策仍是政府單向做成的，實際上來說，還是在意見反映的階段。爲了讓「公共政策網路參與平台」達到更多雙向溝通的目的，當時的行政院副院長張善政指示國發會與對網路溝通語言熟悉的民間社群代表合作，辦理「公共政策溝通種子教師工作坊」，培訓出一批政策溝通的講師，接著由這批講師訓練各部門負責「公共政策網路參與平台」的窗口。這些窗口負責將各部會打算推動的議題放上平台，與民衆進行意見溝通及回覆的工作（也就是平台的小編）。這樣的工作坊訓練，讓參與的公務員窗口能夠更清楚理解平台運作的精神及方法，是平台運作能否深化的關鍵。

□ 在網路公民參與上有具體參與影響力突破的，是由民間與政府協力架構的 vTaiwan。這個平台的緣起是二〇一四年底，當時的行政院政委蔡玉玲參加 gov 的黑客松（Hackathon Taiwan，馬拉松式的集體科技創作活動），以行政院身分提案，爾後由 vTaiwan.tw 專案社群貢獻者所組成的版主群共同維護，目的是解決浪潮興起的網路創業背後的資通訊環境及法規議題。畢竟，許多實體世界的法規，完全無法適用於網路虛擬世界，而政府部門不太可能吸納這樣快速變動的產業人才（這樣的人才在政府工作一定跳腳！），於是，透過 vTaiwan 聚集各方網林高手的意見，成了必然！

vTaiwan 系統由三組人馬進行維護。由行政院相關部會在平台上提出各種即將制定的行政命令，資策會科技法律研究所則負責將這些行政命令整理條列，成爲方便網友討論的形式；再來，將提案放在網路上公開討論一段時間後，再由版主群邀集對提案積極參與的網友組成「工作組」。然後，以實體會議及線上會議的方式收斂議題，提出具體的「建議規格書」，再次放到 vTaiwan 的平台上，讓網友一起就「如何執行」的方面進行更細緻的討論。行政部門則有專職人員即時回覆工作組提出的實質問題，最後提案單位決定是否提出新版的修正草案，如需修法，則由行政院向立院提出修法提案。

vTaiwan平台上，對於整個提案成形的階段（各項議題分五個階段進行，分別為：**意見徵集**、**討論**、**建議**、**草案**、**定案**）有清楚的交代，並且為了讓討論能聚焦而提出實質建議，對網友的發言做出規範，例如：

- 這表示，如果要讓發言具有影響力，不只要說明機關「應該做什麼」，也要說明「為什麼」。
- 參與者可以提供最新資訊、個人相關經驗，或是具體可行的想法，這比上千個「我就是贊成」或「我就是反對」的留言，都要有用多了。

並針對符合發言精神的意見進行歸納，針對有效意見進行標示，方便參與討論者或後續觀看會議紀錄者，能更簡短明晰的理解討論脈絡。

意見徵集

- 當部會對特定議題未有具體政策，或議題的權責上不明確，屬跨部會議題時，會先透過此階段，徵詢民間意見。

• 爾後，會彙整相關意見，再由部會正式提出討論案。

討論

• 本階段的目標為：廣徵意見，凝聚出「要討論的問題」。
• 不是一開始就給法規草案討論，而是「提出問題」來討論。
• 例如：很多新創事業想透過群眾募資平台來進行投資，現行制度卻不見得能滿足這些新創事業，那會有什麼問題，以及該怎麼規範呢？

建議

• 在前一個「討論」階段中，積極參與討論者與提案方相關人員將組成「工作組」。
• 工作組負責在本階段中，經由聚會討論，寫出「建議規格書」。

草案

• 在本階段中，工作組會定期聚會，逐條協作出草案版本。
• 工作組聚會採全程逐字稿及錄影直播方式進行。
• 聚會時，討論者提出修正意見及建議事項規格書。
• 提案方必須於每次聚會七天後，針對建議事項提出回應，並更新草案。

定案

• 在工作組開始進行討論一個月後，提案方決定是否繼續提出多次修正版草案。
• 若是，則繼續聚會。若已收斂成定案，則由編輯群作為本階段（定案）的內容公布。
• 工作組的討論區持續保留，以追蹤定案送交立法院或頒布後的執行狀況。

率先落實公民參與制度的南區水資源局

以上提到 vTaiwan 網路參與的方式，是科技問題解決導向的範例。然而，在地方政府的公民參與，有時需要的是：不斷地面對面溝通。這時候，說明會、公聽會、聽證會（具實質法律效力）是必要的形式，而能否在開會前提供**充分的背景資訊**（資料）讓與會者先行了解，就是能否打開理性溝通的第一步。另外，前述提到的網路參與，是政府資訊拋出後坐等意見回覆的形式，然而，針對重大議題，以傳統普查、訪談、焦點座談等方式匯集群眾意見，仍是必要的。實際走入第一線，才能感受民眾的情緒及需求，才能建立同理心，才不致在數據中迷失政治治理中最基本的人性照顧。

某天早上，安排了一堂公共工程導入生態檢核機制的案例分享課程。講師提到，南水局是率先推動這個計畫的公務單位（該公民參與的案子是「曾文南化及烏山頭水庫集水區保育治理工程生態檢核計畫」）。一直很好奇當初南水局爲何會想要率衆人之先做這樣的事，後來，從爲南部水資源奮戰多年的魯台營（現爲屏東縣環保局局長）口中得知，水利工程的案子，往往都會引起周遭聚落許多抗爭，因此南水局當時的局長賴建信很早就感受到，公民參與的重要性及必要性。其他像是最近兩年成功推動的高屏溪伏流水利用及潮州人工湖計畫，其實也經過反覆公民參與的過程，才有今天往前走一步的機會。

水資源局的官網上面，因此有一個主選單是「公民參與」，裡頭有一段話提到：

有效的公民參與部分取決於一個發起機構讓大眾參與決策過程的意願與能力，相同的，大眾是否能表現出有效參與決策流程的能力也是同等重要。即使發起機構發揮周詳的考慮、規劃與執行公民參與流程之有效技巧及作法，但如果大眾缺乏基本及必要的參與技巧，則設計良好且誠懇的參與流程將無法發揮其功用。因此，公民參與能否成功，大眾的參與能力也非常重要。

我真的覺得，公民參與，有效的溝通，尊重、同理及放下自我，是非常重要的。

□ 政府願意邀集公民參與會議，是公民參與的第一步。但不只是形式上的邀請，最好能在會前先進行利益關係人的溝通，以及願意讓相關資訊透明。

「談規劃之前，先建立共識」，荷蘭在談「還地於河」的計畫前，花了很多年時間與原居住河堤旁的住戶及牧場進行溝通，協助其搬遷，才成功的拆堤還地於河。有一次，邀請了加拿大艾德蒙頓（Edmonton）的公園暨城市生物多樣性部長皮爾索爾（William Grant Pearsell）來台分享相關經驗。他表示，在艾德蒙頓要徵收一塊土地作為生態廊道之前，會透過公聽會（Public hearing）、線上調查（On-line survey）、工作坊（Workshop）、個人對談（One on one interview）等方式與居民進行溝通。每年固定向成千上萬的民眾進行現行保育計畫的說明及溝通，亦召開公聽會聽取各界意見。公聽會的期程有時會長達十天以上，讓政府部門、科學家、市民之間有所互動。「大家是坐在同一張桌子上討論的」，他強調。

所以說，台灣政府對於某些重大開發案的土地徵收作業是太急就章了。不過，就如先前提到的，公民必須具備一定的專業及邏輯能力，才能有效地進行對話。就我的觀察，三一八之後的某些公民參與會議，可能對很多參與者來說，才剛剛踏入公民行動，資訊準備及專業程度不足，對政府運作也不怎麼了解，變成各說各話，沒有什麼交集。

另外，對於公民團體到底該站在什麼角色，是僅僅拋出問題，等待政府解決？或是，也要試著與政府一起，站在既有的行政規範下，去想一些可能的方案及配套措施？日本熊本市收容所「零安樂死」政策推動的十年過程中，提供了不錯的公民參與案例。

草鴞保育平台案例

曾經，公民運動被視為社會亂象，政府還為此訂定《流氓檢肅條例》的時代＊，公民團體無法進入體制內運作，只能在場外拉布條、丟雞蛋抗爭。慢慢的，公民開始能進入決策會場旁聽，然後取得了發言權；從公民代表的發言被當作會議紀錄的附件，到必須邀請團體代表擔任固定委員取得實質表決權，一步步都是公民參與政府運作的突破。

有時候，許多議題政府沒看到，民間卻看到了。要解決問題，有很多種方式，但涉及許多不同部門，必須召開協調會議時，就得借助政府的力量。尤其當問題不是短期可解決時，如何搭起跨部門間溝通的平台，就很重要。高雄推動草鴞保育的歷程，可作爲公民與政府搭起溝通平台的參考案例。

草鴞是一種白臉的貓頭鷹，生存在人類活動範圍的邊緣，都市開發的擴張，造成草鴞棲地縮減的威脅。草鴞是食物鏈頂端的生物，以老鼠爲主要食物，然而，高雄鳥會在旗山進行長期監測後發現，當地草鴞有減少甚至消失的情況，但卻不清楚原因爲何。如果草鴞消失，代表自然中控制鼠類的天敵不見了，很可能會影響農業生產。

爲了取得當地人對草鴞的了解，高雄鳥會開始跟當地學校合作，到校園進行草鴞保育的宣導，由孩子回家告訴父母草鴞生態及面臨的危機。接著，用最傳統的「辦桌」形式，邀請居民、里長、警察及從事獵捕的獵人聚餐，先博感情，告訴大家草鴞消失對環境的影響。花了幾年時間，鳥會每個月到草鴞主要的棲地中寮山進行調查，連續的蒐集資料，並邀請在地人參與保育巡守工作，逐漸取得在地人的共識後，減少獵捕的情況。

＊一九九〇年，當時的行政院院長郝柏村在治安會報上指示，以《檢肅流氓條例》整治基層的環保及勞工運動者。

然而，除了獵捕問題外，似乎還存在對草鴞另外一種的威脅，而這個威脅，在屏科大野生動物保育研究所對死亡草鴞個體的初步分析後，認為很可能是草鴞食用了呑食滅鼠藥死亡的老鼠，體內滅鼠藥濃度積累造成中毒，才導致草鴞的死亡。但是，單靠幾個樣本的分析，無法確認「草鴞族群消失是因為使用滅鼠藥」這樣的結論。

如果要進行大規模研究及減少滅鼠藥的使用，單靠民間力量無法達成，必須透過公部門資源的挹注及公權力的行使。但，如何導入公部門的參與呢？畢竟草鴞的問題，不是一般大衆會接觸到的，自然也不是政府優先施政的項目。高雄鳥會每年都會辦理「南方鳥類論壇」，這原本是個鳥友及野鳥研究者交流聚會的活動，但是發現草鴞保育需要公部門支援後，二〇一一年的鳥類論壇定調為「草鴞保育論壇」，除了鳥會、學術單位及保育團體外，還邀請了農委會林務局、防檢局及高雄市政府農業局參與。當然，如果是不具決策力的象徵性參與，無助於草鴞保育的推動，但如何能找到政府決策者來參與呢？

於是，事前的拜訪及溝通變得很重要，要讓農委會及農業局官員了解嚴重性，並且說服他們來參與不是容易的事。為了取得直接對話的可能性，必須透過各種管道，並且讓官員放心，這是一個有學術單位參與的會議，在有憑據及理性溝通的前提下進行討論。於是，「草鴞保育論壇」在下午召開閉門會議，由相關學術單位、保育團體及政府單位進行溝通，在充分的調查資料基礎上，展開草鴞保育措施的研擬，會中做成定期召開「草鴞行動平台專家會議」的結論。

有了這個定期溝通的平台，農委會編列預算進行草鴞研究，地方農業局則向農民宣導滅鼠藥減量使用，資源的投入讓保育的方向變得清晰。台師大林思民老師的研究證實：「滅鼠藥能夠短期抑制鼠類的密度，但是數個月後，施用滅鼠藥的區域鼠類密度卻快速升高。」過去，農委會每年編列預算補助農民滅鼠藥，進行「全國滅鼠週」的工作，但這個研究卻證實，長期使用滅鼠藥可能會造成草鴞族群下降，老鼠族群上升！

有了這樣的科學資料做輔助，防檢局也有充分理由向農民宣導減少使用滅鼠藥。在二〇一四年的「南方鳥類論壇」上，防檢局總算承諾，從二〇一五年開始停止實施三十多年的「全國滅鼠週」！高雄農業局則輔導農民，從每公頃一公斤的滅鼠藥投藥量，減少到每公頃零點六公斤。

這樣的作法不只保護了草鴞，更催生後來農藥減量的政策！屏科大野生動物保育研究所在農委會的委託下，發現黑鳶（老鷹）、鳳頭蒼鷹、紅隼等以鼠類爲食的猛禽體內，都有滅鼠藥跟農藥的殘留，而黑鳶是屏東重要的保育類，屏東縣政府因此開始輔導屏東紅豆農減少使用農藥、除草劑。

從民間發動的保育行動，讓政府開始重視過去忽略的「生態防治」功能：「以猛禽來防治鼠類，可能比用滅鼠藥更有長期的效益」。猛禽的繁殖力弱，族群被毒死就很難回復；但鼠類繁殖力強，被毒死後，族群卻快速回復，而當鼠類增加，捕食鼠類的猛禽卻消失了，造成必須不斷的使用滅鼠藥才有用，對土地及人的健康都不是好事，而這是過去從未注意到的！

行政疲乏，公務員需要民間伙伴！

綜合公務員受訪者認爲在政府部門中最難待的單位，有幾個條件：**與民衆第一線接觸的、民代會常常來關切的、時常會有民間團體來踢館的。**

其中，有幾種單位特別辛苦，排名第一的應該是牽扯龐大利益的工程單位。一個比較奇特的案例是，於殯葬管理單位工作的朋友表示，在離職前不久才剛有一批同事被檢調約談，原因是有特殊關係人士因爲聽信某風水師傅的說法，一定要在某時火化，所以塞錢插隊。這件事同時印證了朋友說的，「要台灣人捐款，蓋廟就對了！」

環保單位是近年公民參與度頗高的單位。重大開發案的每場環評會議總有許多民間團體到場監督、許多人登記發言，所以環評會常得挑燈夜戰，一開就是七、八個小時。開完會後，不管是委員、長官、承辦人和環團代表，都是一臉疲憊。但如果不是事關重大，涉及生態、土地、河川的健康，以及未來世代的環境正義，為什麼要花這麼多時間開會？承辦人是其中最辛苦的，大家開完會就沒事了，他還要聽錄音檔打會議紀錄（當然，有時候是委辦人員代勞），若有懸而未決的案由，還得思考怎麼召開下一次的會議。這樣取得共識的冗長過程，在承辦人心理上一定覺得很煩很累，但為了達成公民參與的審議式民主，似乎又是必經的過程。用嚴謹的態度、在可信賴的資訊基礎上，去思辨討論，去決定該區位該不該開發。如果要開發，應該有什麼樣的管制及環境保護措施，都是必需的。多花幾天、甚至幾個月，去決定未來二十年甚至五十年的環境是好是壞，相信是值得的。

要即時處理與人民生計相關的單位，也是不好待，代表案例是社會局、教育局及及農漁政單位。社會局及教育局不用說，尤其在大都市裡面，個人權益意識高漲的民眾，有時會把承辦人逼到抓狂的地步。聽北市社會局的朋友說，三分鐘電話響一次是正常的頻率，各類型社會補助案件可以堆成小山；教育局的承辦人則長期處於一種來自家長各種關心的焦慮，每次打電話到教育局總會感受到那病懨懨、氣若遊絲的語氣。

農漁政單位，則因為與第一線的生產者、消費行為及食品安全息息相關，也屬於高挑戰的公務單位。有段時間，我覺得環境保育與農業發展是息息相關的，好的農村環境能形成兼顧生產及生態的生活條件。不只對人，對於其他動植物生態來說也是（好的農田環境不只能夠涵養水源，也提供重要生物棲息的空間）。

因為有這樣的想法，曾經想過要轉調去從事有機市場輔導的單位工作。但當時有位曾待在政府農業部門工作、後來到民間推動有機農業的朋友勸說，如果眞的想改變什麼，進到那個系統內恐怕會失望。因為，光是例行性的業務，就把公務員精力耗盡，無心再想其他的事情了。他說，農業部門在節氣轉換時期，必須快速因應氣候或市場因素所造成的糧價變動。平時則須處理各式關於田間管理、市場管理、產銷資訊、交易行情、休耕補助、產銷履歷等等工作。除了資訊龐雜外，同時得接受來自農民的求助、地方民代的請託、來自上級機關的管考及媒體的輿情處理。這麼多事情，讓每天上班都跟陀螺一樣轉來轉去。

後來，在食品安全及土地徵收議題逐漸受到關注後，農業部門接收到的各方意見更多，但相對而言，政客也沒像過去那麼容易上下其手了。農民身分認定、農地買賣條件、農舍興建規範、農地種太陽能電板等等的討論，都讓農地農用及糧食安全在未來受到更嚴格的監督。

但另一方面，關心漁業的民間團體相對地少，地方漁業組織仍受到地方政治的影響，許多的區漁會管理專用漁業權、創造漁場資源永續利用的功能消失，漁會的大宗業務變成信貸放款；加上過去戒嚴時期禁海的影響，台灣人對於海洋普遍陌生，相對農民來說，漁民是更加不被看見的。因此，漁政單位即使清楚許多漁業資源管理問題的存在，但卻很難從結構進行改變。因爲，只要牽扯到利益的小小改變，都會引來不同漁民團體的抗議。

但是，漁民其實都知道，台灣沿近海漁業資源早就枯竭多時，身爲主管機關的漁業署，當然有責任制訂出對於台灣資源永續發展的政策。可惜，過去台灣漁業問題因爲乏人關注，有些有效的管理政策遭遇部分漁業團體反彈時，就很難堅持。有位朋友說長官跟他叮嚀，某些問題不是我們這代可以解決的，比方說「減少用油補貼」、「落實非法漁業的取締」、「劃設漁業保護區」等等可以提高資源管理強度的作法，「立意都很好，但等我退休再說。」——只因背後牽扯的政治力量太複雜。

所以，漁業問題在台灣彷彿無解，承辦人看到海洋保育團體總是心驚驚，不知道又要抛出什麼難以推動的議題。有位曾在漁政單位服務的朋友說，他認爲民間團體不需要面對民衆的壓力，所以總是可以談很崇高的理念。但對行政部門來說，只能挑那種不會引起漁民抗議的事情來做。這種說法出現時，應該思考兩件事：如果只要有人抗議，政府就該無條件退讓？再來，政府若只受到單方面的壓力，就很容易傾斜，不敢推動永續的政策。這也反映出人民對於台灣海洋環境的關注，不若對於陸地的環境保護意識，沒有給予行政部門足夠的民意支持，讓他們去做該做的事。

□

從小承辦人到大長官，在長期受到不當政治力介入行政系統的情況下，往往都處於疲於應付的狀態，對於眞正的施政目標早已模糊；當有正面意見進入時，常以反射性的反應推辭，表示短期內很難做到，實務上如何不可行云云……但很可能，並不是眞的完全無法做到，而是在心理上已先抗拒。就好像一個躲在陰影後垂頭喪氣的小孩，背後有個萬蟲竄動的黑洞，將能量都吸走，而能改變這種情況的，只有來自眞正關心政策的聲音，來自願意關心及參與改變的民衆。

能提升政府能量，對抗疲乏的，絕對不是一味的批判。想想，公務員也是人，如果總是被認爲「做好是應該，做不好被罵是活該」，並且常常只有批判而沒有對應的建議時，在心理上眞的會很疲倦，也會抗拒任何改變現狀的對話。

有一次，在觀賞完一部描述老鷹在台灣消失，可能與農藥過量使用有關的紀錄片《老鷹想飛》之後，有位朋友在臉書上寫下評論：

友善農業的推廣在台灣已經不是一天兩天了，但是最大的阻力還是來自於公部門的顢頇，而納稅人所供養的官僚體系，卻總是這樣把公共政策、甚至是社會教育，轉嫁到一般民眾身上。老實說，公務人員並非全都是壞人，但是公務體系跟官僚作為，卻會讓人變得冷漠無感；實際上，暴力最大的共犯，不是邪惡，而是沉默。

這些想法，在某個時期似曾相識，不過後來慢慢察覺，一味把政府罵成破銅爛鐵，好像在社會運動上十分政治正確，但實際上，對事情推動並無好處。政策推動是民間推力及政府資源加成的結果，即使步調不一致，但把彼此二分並無任何好處。

以農藥加保扶禁用的推動歷程來看，是屏科大野保所鳥類研究室發現農地大量死亡鳥屍與農藥使用有關。中華鳥會、高雄鳥會根據資料，與屏東農業處、農委會防檢局溝通，最後促成了紅豆減藥轉型、農藥加保扶分階段禁用的政策推動。在這之前，官員並沒有注意到這件事，畢竟，有太多其他燙手的議題，鳥類死亡，不是施政中的優先順位。民間團體的遊說，提醒了政府應該關心農藥對生態影響的問題。

簡單地說，在現實條件下，有些議題在政府部門的資源分配（預算、重視度）就是不夠，於是，需要學界及民間的力量協助。有了科學證據後，再來就是看政府部門決策者願不願意以科學爲基礎來做決斷，用智慧來克服可能的阻力。

在民間團體立場上會覺得，農藥對土地對人對生物都不好，爲什麼不趕快禁用？但對政府來說，政策推動沒有這麼容易。要有足夠的科學證據、要進行充足的溝通、要找到彼此「都不滿意但還能接受」的方案。因此，政策的制定上，大家都得站在彼此角度來看，今天換你上台，是否能做得更好？如果遇到同樣的阻礙，是否有辦法用溝通化解歧見，並尋求不同意見的合作？如果一開始就設定對方大都是壞人，溝通管道就斷了。

如果，我們還希望未來住在台灣，那或許可以對政府失望，但絕不能對政府沒有期待。因爲，**推動台灣改變的動能在民間手上，但掌握改變的資源卻是在政府手上**。分享一位民間友人王楚葳在臉書寫下的這段話：

不是要你相信，而是要你參與討論，一起想想辦法。我其實滿厭倦單方面的批評，真的於事無補，徒增對立衝突。所以我期待我們公民要更精進各種專業知識，吸收更多世界案例，提出三贏的企劃給政府參考。大家都能站在對方的立場上將心比心，而不是互相不信任盲目的瞎揣測，或站在本位立場指謫對方的錯。

請願
公部門
叩
叩
訴求

後記

寫在最後：關一扇門，開一扇窗

人家說，婚姻是愛情的墳墓，在公門裡待了五年多，我卻覺得，公職像是人生的墳墓。現代人眼裡，婚姻這紙契約，不再是牢不可破。但官職名章蓋下去，幾乎就等於做到退休。多少人，將人生中的精華給了政府；多少人，將存摺中的$$給了政府。然而，政府卻儼然成爲人生的墳墓、稅金的墳墓。**擁有最大資本的一間公司，卻可能是全台灣最沒效率的一間公司**，而且，大家還默默地接受了。

公門這道門，走入後彷彿就進入一種神祕的結界，關上了某些看不見的開關。年輕人前仆後繼地投入公職，在我眼裡，感到很不捨。這些學校訓練出的優秀人才，眞的知道政府的長相嗎？進到政府之後，即使發現鳥事說不盡、專業不重要、未來看不見、政治擺不平……但還是會想辦法忍住、在不斷認知重建的過程中，繼續做下去。我不禁想，如果他們不在政府，會不會有更好的發揮？

長期關注政府政策，與許多政府官員熟稔的獨立記者朱淑娟開玩笑說：「官員有八成以上的事情都不用做也沒關係」。她說，現在官員有很多剪綵、致詞、參訪、陪同視察的行程，都不知道所爲何事。

立委要求現場勘查的場合，相關部門百官齊列，生怕委員問到無法回答的事情；市議會開議，相關施政項目的市府一、二級主管全都要列席，即使一整天下來，也不見得派上用場。這些事情，佔去了我們官員許多時間。

基層承辦人員，則是遭遇研考地獄，每月、每三個月、每半年要塡的施政報告、績效評比、內部控制、預算執行進度、行政創新提案……光是這些表格，就把承辦人搞到無力，如果沒有身處其中，眞的很難體會這些雜事帶給人的煩躁。加上政治介入、專業外包、勞逸不均（多說多做，會做的做死）等原因，讓身處其中的人漸漸學會打迷糊仗、技巧性閃躲、踢皮球、習慣例行公事、不想創新……

□

我們的公務員，曾經是各項專業中的佼佼者，但在政府運作中，卻逐漸失去專業思考的空間。我眞的認爲，以現行政府運作的方式，根本是在扼殺台灣高品質的人才！

訪談過程中，有種感受，過去的文官似乎具備某種現在已難得的「使命感」，這種使命感是對於施政藍圖及願景的想像，以及對於自身專業的把握及信心。我們常問，爲何尹仲容、孫運璿與李國鼎這一輩具風骨的政務官已不復見？很可能的原因是：過去十多年台灣政治惡鬥讓大家不知該相信什麼。

除了民眾感受到一種政治不安定的狀態，公務員的專業性也受到政治力相當的干預，加上採購制度的綑綁，圖利廠商的大帽子，讓文官不敢勇於任事，只求用保守方式將事情辦完就好。政客操控人事，外行領導內行情況普遍；媒體鼓動民粹，政策無法被理性討論；經濟情況不佳的情況下，部分人民又將公務員當成假想敵。文官不只失去專業尊嚴，還怎麼做怎麼錯，很難找回過去以國事為己任的榮譽感。做一天算一天，應該是很多人心中的寫照。

偏偏，社會主流價值驅使下，讓台灣許多優秀人才都進到這個問題重重的公務系統來了，除了是對人才的消磨，也讓台灣社會失去過去在經濟成長階段那種勇於突破的精神。父母只想子女求個安定的工作，一邊罵公務員，一邊又諄諄囑咐子女要認眞準備考公職。於是，不了解公務體系如何運作的畢業生，一窩蜂投入國家考試的試場，反正考上了再說。跟隨主流價值走準沒錯的結果，台灣新世代的未來，因此失去了很多的可能性！

進入政府後，發現跟當初想像落差很大時，已來不及，做得越久，心志越被消磨。一段時間過去，檢視過去所做的，卻發現好像什麼都記不起來，因爲瑣碎的事情填滿了時間。只記得被哪個會計氣炸了，哪個廠商把活動搞砸了，差點被哪個業者告上法院等等，很難平心靜氣地去想，到底做這些事情、花這些經費的效果在哪裡？對於台灣社會的幫助是什麼？

再回頭看到當前社會的氛圍，許多人把「米蟲」的大帽子扣在公務員身上，公民團體常說政府政策總是向財團傾斜，但當政府好不容易提出對環境長遠發展有利的政策時，卻又被有短期選票壓力的民意代表打槍。公民團體反對政府的時候力道強大，但政府提出好的政策卻也不見得出面相挺。公務員卡在民意代表、產業界及公民團體的壓力下，往往落得裡外不是人。

對於未來，變得很茫然；希望改變，卻看不到改變。從政府延伸出的社會價値混亂，讓年輕一輩越來越無所適從。大家內心有股隱約的感覺：「與其靠政府，不如靠自己」，但是到了選舉時，又將希望寄託在政治明星身上，希望他們能帶領大家突破困境。台灣是華人世界中唯一的民主國家，只是這樣的民主，卻像半生半熟的荷包蛋。

不過，台灣民主演進的歷程，從戒嚴後也不過三十多年，與歐美國家發展歷史相較，還在稚嫩的階段，因此，台灣每一步，都在創造華人政治的歷史。二〇一六年，台灣執政黨再度輪替，並且有許多年輕勢力揭竿而起，配合資料開放、資訊流介面的改變、公民參與的層面擴大，在在都顯示出新的政治模式必須被啓動。包含不符時代產業需求的法令必須被調整、人事制度必須更有彈性、文官的專業性及使命感必須找回、跨領域的議題必須整合、培養出具國際視野的公務人才等等，都是台灣要向前走必須突破的。

訪談過程中，有些長官認爲這些都是老調重「談」，但是，仍然不得不談，因爲我們沒有下一個十年了。這個十年就是台灣的關鍵，政府作爲領航者，必須找出永續經營的方向；公民作爲監督者，必須強化自身參與政治的知能與行動。眞正的民主政治，需要把公門封印的結界打開，透過資訊透明的窗，導入公民審議、網路協作等方式，導入民間的專業能量；用理性的溝通及邏輯的思辨，凝聚出台灣政府及公民社會共識的發展方向。

希望，所有有志於公職的年輕一代，都能仔細想想自己要的是什麼。政府的工作除提供生活溫飽之外，還提供許多實踐個人社會理念的資源，當資源被妥善利用，就能用來創造出一個更好的台灣。但相對的，如果資源很輕易的被消化，那就什麼都不會留下。眞的很期待，大家在政府部門能夠展現自己的抱負，而不只是行政的機器。公務員，是個需要理想的行業；台灣，需要更多有熱忱、具憧憬、行動派的公務員加入！

公務員當了將近六年，在最菜的時候，也想過安安分分地工作及生活，那些理想啊理念啊什麼的，就跟我無關了。不過人總是會有過不去的那關，當下以爲對公務制度的不適感會隨著時間淡去，但總是會在類似情境再次發生時，忍不住想對上天大喊：「我到底在幹嘛啊！」

當我開始體驗到民間充分的能量，再回頭對照政府的無感時，那種矛盾更是一再地衝擊著我。如果說留在政府是爲了一份穩定的薪水，不去思考那麼多公平正義與社會實踐時，我會不會過得比較開心？當下來說，那些物質享受的確可以轉移部分的懷疑，而且會告訴自己：有得吃有得穿，該知足了。

在這本書即將完成前，我的小孩誕生了，更多的聲音傳來：「不要想太多，小孩開銷大，好好賺錢養家」。但一想到，我的小孩未來可能面對一種更艱困的環境時，就覺得得想辦法做出一些改變。我習慣寫字，所以用書寫的方式；而每個人都有獨特之處，都能用自己的方式爲這個環境變得更好而作出努力。別去壓抑那丁點可能的改變，因爲這是我們共同擁有的台灣。

這本書談的是革新，也許一些人在閱讀時會感受到被挑戰而不悅，但我是用最誠懇的態度來表達。眞的很希望從現在起，我們能停止互相掣肘，能排除本位主義，用跨域合作、理性溝通的方式，去展現眞正的愛台灣精神。

國家圖書館出版品預行編目 (CIP) 資料

公門菜鳥飛：一個年輕公務員的革新理想 / 魚凱著 . -- 初版 . --
臺北市：網路與書出版：大塊文化發行 , 2016.08
320 面 ; 17*23 公分 . -- (change ; 01)
ISBN 978-986-6841-76-7(平裝)

1. 人事制度　2. 文官制度　3. 行政改革

573.4　105011651